잘 쓰기 위한 재테크

사회초년생의 똑똑한 돈 공부

잘 쓰기 위한 재테크

2020년 4월 22일 초판 1쇄 발행
2021년 1월 12일 초판 2쇄 발행

지은이 토리텔러
펴낸이 권정희
펴낸곳 ㈜북스톤
주소 서울특별시 성동구 연무장7길 11, 8층
대표전화 02-6463-7000
팩스 02-6499-1706
이메일 info@book-stone.co.kr
출판등록 2015년 1월 2일 제2018-000078호

북스톤은 세상에 오래 남는 책을 만들고자 합니다. 이에 동참을 원하는 독자 여러분의 아이디어와 원고를 기다리고 있습니다. 책으로 엮기를 원하는 기획이나 원고가 있으신 분은 연락처와 함께 이메일 info@book-stone.co.kr로 보내주세요. 돌에 새기듯, 오래 남는 지혜를 전하는 데 힘쓰겠습니다.

사회초년생의 **똑똑한 돈 공부**

잘 쓰기 위한 재테크

토리텔러 지음

넥스톤

차례

1부 돈 모으는 습관 기르기

2부 돈 굴리는 원칙 세우기

4장 투자, 본격적 '내 탓'의 세계

5장 가장 손쉬운 투자방법, '펀드'

3부 돈 다루는 지혜 익히기

재테크의 최종 목적은 잘 쓰는 것입니다

공부 잘하는 친구를 보면 부럽습니다. 돈 많이 버는 사람도 부럽죠. '나는 왜 안 될까?' 푸념하지만, 우리는 이미 이유를 압니다. 그들의 성공 비결도 알고요. 다만 실행하지 못할 뿐입니다. 혹시나 하는 마음에 서점에 있는 온갖 성공담을 사보아도 읽다가 좌절하기 일쑤입니다. 습관이 안 된 것들은 모두 괴롭거든요. 습관은 무의식적으로 하는 거라 괴로운 줄 모릅니다.

습관이 안 된 채 해결책을 찾으니 꿈만 꿉니다. 망상이라고 하죠. '우리 집에 돈이 조금만 많았어도…' 슬프지만 재벌 부모는 1%, 아니 0.01%도 안 됩니다. 그러니 없다고 하는 게 맞겠습니다. 더 이상 성실하게 살아오신 부모님을 원망하지 마세요.

습관을 들이지 못하는 데에는 여러 이유가 있을 겁니다. 그중에서도 가장 중요한 것은 아마도 '나의 정신상태'겠죠. 물론 정신이 모든 것을 해결해주지는 않습니다. 월드컵 우승은 투혼만으로 불가능해요. 이미 봤잖아요. 머리에 피 나도 안 돼요. 하지만 월드컵 우승을 못해도 축구 즐기는 방법은 많습니다. 재테크로 100억 모으겠다고 하면 괴롭습니다. 하지만 '내가 정말 하고 싶은 것을 하는 데 필요한 돈을 모으겠다'고 하면 즐겁지 않더라도 참을 수는 있습니다. 지금 우리에게 필요한 건 바로 이런 자세입니다.

라면부터 끓여봅시다

이 글의 독자는 사회초년생입니다. 연봉 1억 원이 넘는 분? 아닙니다. 30대 중반에 자녀가 있는 분? 아닙니다. 부모님께 물려받을 건물이 있는 분? 아닙니다. 은퇴를 준비하시는 분들? 아닙니다. 그런 분들은 다른 자료를 찾아보세요.

이 책은 사회초년생, 그러니까 이제 막 직장생활을 시작했고 결혼하지 않은 분들을 대상으로 합니다. 사회초년생들에게 적절한 재테크 안내서가 별로 없는 것 같아 쓰는 거예요. 사업하시는 분들에게는 그다지 도움 되지 않을 겁니다. 장사하시는 분들에게도 마찬가지입니다. 이 책은 부모님이 시키는 대로 착실하게 공부해서 대기업에든 중소기업에든 취업해 월급 받는 분들이 대상입니다. 같은 직장인이라도 공무원인지, 대기업인지, 정규직인지에 따라 차이가 적지 않겠지만 그것까지 고려하지는 못하겠습니다. 그냥 중견기업 직장인 정도로 생각해보도록 해요.

대략 나이를 생각해보면 대학 졸업 후 취업한 20대 중반에서 30대 초중반까지일 것 같습니다. 싱글로 한정하는 이유는 결혼하는 순간 너무 많은 변수가 생기기 때문입니다. 아이가 생기면 재테크는 완전히 다른 차원으로 넘어가 버립니다.

한 가지 더, 제가 하는 말이 결코 정답은 아닙니다. 이걸 꼭 기억하세요.

제가 재테크 전문가일까요? 아닙니다. 그냥 월급쟁이 경력이 좀 더 긴 사람일 뿐입니다. 전문가들은 말을 너무 어렵게 해서 문제고, 저 같은 비전문가는 정확하지 않을 가능성이 있다는 게 문제입니다. 그러니 정답이 아님을 감안하고 읽으셔야 합니다. 무작정 맹신해서 따라 하지 마시고, 책의 내용을 기반 삼아 재테크 습관을 들이는 데 집중해주세요. 저도 딱 그 목적으로, 더해서 재테크를 덜 고통스럽게 할 수 있도록 한다는 데 중점을 두어 설명할 겁니다.

첫째, '개념'부터 설명하겠습니다. '비법(tip)'은 요리를 만들 줄 아는 사람에게 필요한 겁니다. 일단 라면을 끓일 줄 알아야 더 맛있게 만드는 비법을 써먹을 수 있습니다. 100억 모으기를 시도하는 것은 칼질도 해본 적 없는 당신이 프랑스 정찬을 만들겠다고 덤비는 것과 같습니다. 그러니 '라면 끓이기'부터 설명하겠습니다. 라면!

둘째, '현실을 인정하라'고 말할 겁니다. 극소수의 사람에게나 가능한 하루 1000원으로 살기를 권하거나, 야근에 지친 당신에게 주말마다 땅을 보러 다니라고 하지 않을 겁니다. 우리는 못합니다. (인정하면 속은 좀 쓰려도, 마음은 평안해집니다.) 기초과정을 떼면서 삶을 즐기는 이야기를 하려고 합니다. 부자는 남을 '부러워하지 않는 자'라고 하잖아요.

그럼 시작해볼까요?

Tutorial

- ○ 막 사회에 진출해 월급을 받기 시작한 사람 중 결혼하지 않은 사람이 읽기 좋은 책입니다. 요약하면 '당신'이요!
- ○ 이 책에 나오는 모든 말을 100% 믿으시면 안 됩니다. 저는 신이 아니니까요.

1부
돈 모으는
습관 기르기

1장
재테크의 기본습관,
'현금흐름' 잡기

재테크의 선순환 고리 만들기

재테크는 크게 3단계로 나뉩니다.

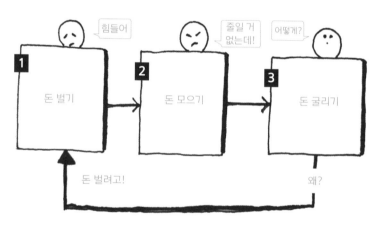

※토할 때까지 반복, 토하고 나면 쉬었다 반복!

이 단순한 고리를 머릿속에 넣어두세요. '돈 굴리기' 다음은 뭘까요? 네, 다시 '돈 벌기'입니다. 돈을 굴리는 이유는 바로 '돈 벌기'로 돌아가기 위함입니다. 이 간단한 3단계로 모든 재테크가 설명됩니다. 추가로 '돈 지키기'도 있지만, 사회초년생이라면 일단 3단계만 기억하세요.

각 단계별 목표는 다음과 같습니다.

○ 돈 벌기 : 안정적으로 돈 들어오는 수단을 확보하는 겁니다. 쉽게 말해 계속 월급을 받는 겁니다.

○ 돈 모으기 : 번 돈에서 쓴 돈을 뺀 나머지가 '모은 돈'입니다. 목표는 '쓰는 돈'을 최소화하는 것입니다. 쉽게 말하면 '저금'입니다.

○ 돈 굴리기 : 돈이 모이면 '투자'를 합니다. 가장 쉬운 투자는 펀드나 주식, 부동산이 아니라 '저금 안 깨기'입니다. 저금이 익숙해지면 펀드, 주식과 부동산을 해볼 수 있겠죠. 사업이요? 당신의 피가 야망으로 요동치지 않는다면 지금은 고민하지 마세요.

이 중 가장 중요한 단계는 '돈 벌기'입니다. '돈 벌기' 없는 재테크는 의미가 없어요. 사회초년생 월급쟁이에게 가장 중요한 '돈 벌기' 수단은 '월급'입니다. 월급을 안정적으로 확보하는 것이 '돈 모으기'보다 더 중요합니다. 매우 단순하고 슬픈 이야기이지만, 회사에서 잘리지 않도록 열심히 하세요. 그리고 기회가 오면 더 많은 월급을 주는 직장으로 옮기세요. 그게 재테크의 기본입니다. 평생직업은 있을지 몰라도 평생직장은 없습니다.

돈 벌기가 해결되면 그다음에 '돈 모으기'에 집중하세요. 모으기를 제대로 하면 설령 '돈 굴리기'에 실패해도 회복할 수 있습니다.

재테크라는 것을 시작하려는 사회초년생이 신경을 가장 덜 써야 하는 부분은 '돈 굴리기'입니다. 돈 굴리느라 '돈 모으기'를 게을리하거나 '돈 벌기'(=직장생활)를 등한시하면 재테크 고리가 깨집니다. 고리가 깨지면 온갖 재테크 지식도 아무 의미 없습니다. 가능성 낮은 '한 방'만 쫓아다니게 될지 모릅니다. 그러니 열심히 직장생활하면서 일단 저금하세요. 당신의 습관이 잡힐 때까지는, 모이는 돈이 적어 답답하더라도 참으세요!

괜히 가계부 쓰느라 힘 빼지 말아요

통장을 스치고 사라지는 월급을 쳐다보던 사람들이 재테크에 관심을 가지면 대개 이런 질문을 합니다.

"내 연봉이 얼마인데, 용돈은 얼마나 쓰고 저금은 얼마나 해야 할까요? 저금하는 것 중 은행적금과 펀드의 비율은 얼마로 하면 좋을까요? 보험은요?"

제 대답은 이겁니다.

"몰라요."

미안한데, 정말 몰라요. 왜냐고요? 사람마다 다르거든요.

어떤 기사에 보면 20대는 월급의 50%를 어디든 저금하라고 합니다. 정말 맞을까요? 그렇지 않습니다.

예를 들어보죠. 연봉이 3000만 원인 20대가 있습니다. 실수령액으로 한 달에 230만 원 정도 받을 겁니다. 세금과 건강보험, 국민연금, 고용보험 등으로 나가는 돈이 각자 다르니 대략 230만 원으로 잡겠습니다.

한 명은 부모님과 서울에 살면서 출퇴근하는 사람입니다. 거주비용이 전혀 들지 않습니다. 월세를 50만 원으로 잡고 각종 관리비(전기요금, 수도요금, 가스요금 등)를 15만 원 잡겠습니다. 합치면 65만 원입니다. 자취하면 월급에서 65만 원이 없어진 채로 출발하는데, 이 사람은 부모님 집에 사는 덕에 안 써도 됩니다. 상대적으로 65만 원 벌었습니다. 부모님과 살면 밥값도 꽤 아끼겠죠.

반면 다른 한 명은 지방에서 올라와 혼자 살아요. 혼자 살면 해 먹어도 돈이 들고, 편의점 삼각김밥을 사 먹어도 돈이 듭니다. 학자금 대출이나 전세대출이 있을 수도 있습니다. 가난한 집안의 소년소녀 가장이라면 없는 돈을 쪼개서 집에 얼마라도 보태야 합니다.

이처럼 같은 월급을 받아도 나가는 금액은 사람마다 다릅니다. 그러니 얼마를 소비하고 저금할지에 대한 절대적인 비율은 없습니다. 본인이 정해야 합니다. 그리고 사실 더 중요한 건 비율이 아니라 '현금흐름'입니다. 내게 매달 돈이 얼마나 들어오고 얼마나 나가는지를 알아야 합니다. 그게 먼저예요.

현금흐름이란 말을 괜히 어렵게 생각하지 말아요. 현금흐름은 수입과 지출이 '대략' 얼마인지, 그래서 궁극적으로 내가 활용할 수 있는 돈이 얼마인지를 아는 겁니다. 이걸 모르면 당신의 월급은 늘 통장을 스쳐갈 수밖에 없습니다. 아낀다고 해도 돈이 안 모이고, 쓴 건 없는데 남는 건 더 없어요.

이럴 때 가계부를 써야겠다고 마음먹는 사람들이 있죠. 해본 분들은 알겠지만 한 달만 해도 정말 잘한 겁니다. '작심삼일'이라는 말을 조상님들이 괜히 남겨준 게 아닙니다. 꾸준히 잘하는 사람도 있지만, 보통은 못해요. 그러니 처음부터 빡빡하게 가계부 쓰려고 하지 마세요. 힘들고 지쳐요. 지겹고요. 돈 모이는 느낌은 없이 밀린 숙제만 하는 기분, 알잖아요? 어려운 일에 덤비는 건 사람을 쉽게 좌절하게 만듭니다.

그러니 힘들게 가계부 쓰겠다고 도전하지 마세요. 평소에 계산하는 걸 좋아하고 습관처럼 영수증을 모으며, 기록하는 것이 즐거운 사람들은 가계부 써도 됩니다. 그렇지 않은 분들은 괜히 힘 빼지 마세요.

그럼 어떻게 하느냐고요?

그건 다음 편에 말할게요. 너무 길면 힘 빠지잖아요.

단, 이 말만 하겠습니다. 적지 않은 이들이 현금흐름을 파악하는 대신 쓰면 쓸수록 잔액이 늘어나는 마이너스 통장을 사용해서 현금흐름을 돌립니다. 마이너스 통장 절대 쓰지 마세요. 자꾸 쓰면 버릇됩니다. 마이너스 통장이 있으면 그것부터 없앨 궁리를 해야 합니다. 그 전에 얼마나 돈이 들어오고 나가는지부터 파악하고요!

Tutorial

NO!

Yes!

나에게 쓰는 돈과 남에게 주는 돈

이번에는 실습을 해볼 겁니다. 꼭 직접 하셔야 합니다. 귀찮더라도 눈으로만 보면서 '대략 이럴 것이다'라고 넘어가지 말아요. 저도 해봐서 아는데 그러면 남는 게 없습니다.

일단 종이를 꺼내서 네모를 4개 그립니다. 그렇죠! 아래처럼요.

총수입과 총지출의 합은 같아야 한다. 같지 않다면 계산 다시!

'총 수입' 칸에 적을 내용

여기에는 매달 들어오는 돈을 실수령액으로 적습니다. 매월 달라지는 경우는 평균금액을 적으세요. 앞으로도 말하겠지만 들어오고 나가는 숫자를 최대한 안정화(=변동이 적게)하는 게 목적입니다. 그래야 저금을 깨지 않을 수 있습니다.

지금은 수입 칸에 적을 항목이 '월급'밖에 없을 거예요. 비어 있는 공간은 긴 인생을 살면서 월급 말고 다른 항목으로 채우도록 해보세요. '임대수익', '금융소득', 만약 글 쓰는 것을 좋아하면 '저작권료'나 '인세' 등 목표 항목을 써보는 것도 좋습니다. '로또'는 쓰는 거 아닙니다.

'남에게 주는 돈' 칸에 적을 내용

재테크 책에서는 주로 '고정지출'이라고 합니다. '고정적으로 나가는 항목'이란 말이 좀 어렵죠? '매달 일정하게 남에게 주는 돈'이라고 생각하시면 됩니다.

가장 큰 항목은 보통 월세입니다. (월세를 안 낸다면 당신은 축복받은 사람!) 그리고 관리비, 가스요금, 통신비 등이 있겠죠. 혹시 대출금이 있으면 대출상환금도 적으면 됩니다. 이것 말고도 매달 고정적으로 나가는 돈이 있으면 적으세요. 학원에 다닌다면 학원비, 우유나 신문 등 정기적으로 배달되는 게 있다면 그것도 적습니다.

'나에게 쓰는 돈' 칸에 적을 내용

고정지출에 상대되는 개념으로 '변동지출'이 있습니다. 일정하게 나가지 않는 돈이죠. 하지만 재테크를 하려면 이 돈도 일정하게 만들어야 합니다. 쉽게 '나에게 쓰는 돈'이라고 부르겠습니다. 용돈이에요. 밥값이나 커피값, 친구들과 만나서 쓰는 돈, 쇼핑, 그런 거 다 여기 적습니다. 어느 항목이 '남에게 주는 돈'이고, 어느 항목이 '나에게 쓰는 돈'인지 고민하지 마세요. 어디든 빼먹지 않고 적는 것이 중요합니다.

지출 이야기를 하면 이 질문이 나오곤 합니다. "자동차 관련 비용은 어디에 적나요?" 제가 해줄 말은 이겁니다. "차 파세요!"

차는 '돈으로 굴러가는 놈'입니다. 회사에서 지원해주는 경우 아니면 포기하세요. 못하겠다면 차라리 이 책 읽기 포기하는 걸 권합니다.

'남는 돈' = 저금할 돈

이제 '남는 돈'이 있죠? 바로 '저금할 돈'입니다. 지금 적금하는 돈이 있거나 펀드에 넣는 금액이 있으면 여기에 적습니다. 당장 소비하지 않더라도 나중에 돈이 늘거나 뭔가 돌려받을 수 있으면 투자라고 보고 적으면 됩니다. 보험도 실비보험처럼 사라지는 돈이 아니면 그냥 여기 적으세요. 실비보험은 없어지는 돈이니 '남에게 주는 돈' 항목에 적습니다.

적금에 들어가는 '금액'을 적는 것이지 '적금에 쌓인' 돈을 적는 것이 아닙니다. 적금에 쌓인 돈, 펀드에 쌓인 돈, 주식에 들어가 있는 돈 등은 '자산'이라는 항목으로 별도 관리할 겁니다. 지금은 월단위로 들어오는 돈과 나가는 돈의 내용(=현금흐름)을 정리하는 겁니다.

정리가 잘 안 된다고요? 어디에 얼마를 쓰고 있는지 생각이 안 난다고요? 괜찮아요. 머리 나빠서 그런 거 아니에요. 그럴 때에는 인터넷뱅킹에서 명세서를 뽑아봅니다. 설마 현금으로만 결제하지는 않으시죠? 최소 3개월 또는 6개월 치 명세서를 뽑으세요. 엑셀 파일 다운로드하는 거 있잖아요. 카드로 쓴 사용내역을 문자로 받는 서비스가 있으니 그걸로 확인해도 됩니다. 카드 사용내역을 문자나 앱으로 받지 않는 분이 있다면 이번에 하세요. 어디서 하냐고 묻지 말고 찾아서 하세요. 요즘 모바일 앱 좋은 것 많습니다. 앱 깔고 계좌연동만 해두면 알아서 지출내역을 대략 분류해줍니다. 다운로드 받고 연동하고 등록하는 약간(?)의 번거로움을 극복하면 편리해집니다. 대신 여기에 100% 의지하면 안 됩니다.

매달 나가는 금액이 들쭉날쭉이라면 대략 평균금액을 잡아주세요. 10원 단위까지 맞추려는 무모함은 당신을 피곤하게 만들 뿐입니다. 우리 목표는 얼마가 들어와서 얼마가 나가는지 (적절한 수준으로! 나노 수준의 정확도 No!) 파악하는 겁니다.

다음엔 파악한 내용을 가지고 뭘 어떻게 할지 얘기하겠습니다. 차디찬 현실의 맛을 보게 될 겁니다. 아주 서늘한 시간이 되겠군요.

Tutorial

○ 　작성하자! 4개의 숫자 상자!

늘려야 할 것과 포기할 영역

얼마의 돈이 들어오고 나가는지 체크하는 것은 재테크에서 가장 기초적이고 가장 중요한 일입니다. 앞의 설명을 잘 따라왔다면 수입과 지출 구조를 파악했을 겁니다. 이제 실질적인 단계로 들어가보죠.

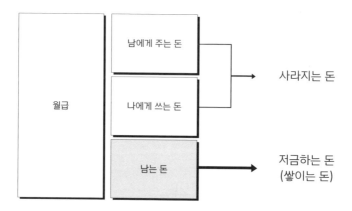

여기에는 따로 설명하지 않았지만 '비상금' 항목도 있습니다. 세상 살다 보면 갑자기 돈 들 일이 생기는데, 이럴 때 남아 있는 돈이 없으면 쓰지 말라던 마이너스 통장을 사용하거나 저금을 깨야 합니다. 어느 쪽이든 손해죠. 그래서 비상금을 따로 두는 겁니다. 이에 대해서는 뒤에서 더 자세히 이야기하겠습니다.

이제 내 수입 중 나가는 돈과 모으는 돈이 구분될 겁니다. '나가는 돈'(=사라지는 돈)은 무엇인가요? 고정지출(남에게 주는 돈)과 소비(나에게 쓰는 돈). 그럼 '모으는 돈'은요? 저금(과 투자) 및 비상금입니다. 이해되시죠?

○ '나가는 돈=써서 없어지는 돈=남의 돈'인 거고,
○ '모으는 돈=남는 돈=내 돈'인 겁니다.

재테크에서 우리가 할 일은 바로 '사라지는 돈'을 줄이고 '모으는 돈'을 늘리는 겁니다. 기억하세요. '모으는 돈'을 극대화하는 것이 우리의 1차 목표! 수입이 일정하다면 '모으는 돈'을 극대화할 유일한 방법은 '사라지는 돈'을 줄이는 것뿐입니다.

여기서 누군가 센스 있는 질문을 할 수도 있겠군요. "수입을 키우면 되지 않나요?"

정답! 수입을 키우는 방법도 있습니다. 하지만 20~30대 사회초년생 직장인에게는 성과를 내서 상여금 받는 것을 제외하면, 연봉 많이 주는 회사로 이직하는 것 말고 수입을 획기적으로 늘릴 현실적인 방안이 없습니다. 투잡이나 부업이요? 능력 되면 해도 되겠지만 권하고 싶지는 않습니다. 가장 중요한 수익원이 훼손될(=직장에서 딴 생각하느라 일 못하는 사람으로 찍힐) 가능성이 높아집니다. 20~30대에 취업하기도 버거운 사회에서 익숙하지도 않은 사업에 뛰어들 건가요? 아니면 장사를 할 건가요? 그런 걸 하려 해도 돈이 필요합니다. 집에서 투자금을 받을 수 있는 사람이라면 이 책을 읽을 필요도 없었겠죠.

명쾌하고 슬픈 현실을 인정하기로 해요. 우리에게 다른 수입원은 없고 안 늘어요! 1년에 한 번씩 연봉협상(이라 쓰고 '연봉 통보'라 읽는)을 하면 조오금 늘어요.

그러니 일단 모으십시오. 묻지도 따지지도 말고 모으세요. 얼마? 최소한 1000만 원. 별다른 이유는 없습니다. 1억은 너무 힘들어 보이고, 100만 원은 너무 적어 보여서요. 알아서 1000만 원 단위로 3000만 원이든 5000만 원이든 정하시면 됩니다.

그러면 '저금을 무조건 늘려!'라고 말하면 되지 왜 이렇게 복잡하게 설명하냐고요? 좋은 질문입니다.

현실적인 문제 때문이에요. 아무리 아껴도 고정지출과 소비를 '0'으로 만들 수는 없거든요. 수입에서 지출이 차지하는 비중도 사람마다 다르고요. 그래서 똑같은 연봉 3000만 원을 받더라도 몇 퍼센트를 저금해야 할지 정답이 없다고 한 겁니다.

이런 이유로 지금까지 복잡하게 설명했습니다. '나에게 적절한 비율'을 찾기 위해서요. 재테크는 내가 가장 행복해지도록 돈의 쓰임새를 최적화하는 겁니다. (별표 5개 하면 좋겠어요.) 10억 만들기가 아니에요. 빌딩 사는 게 재테크의 목적이 아닙니다.

이제 차디찬 현실을 직면해보아요

이제 남은 일은 분명해졌네요. 가장 먼저 할 일은 고정지출을 줄이는 겁니다. 집세를 내는 경우 더 싼 곳으로 옮기거나 친구와 함께 살고, 대출이 있다면 우선 대출부터 갚는 것 등입니다. 아무리 노력해도 줄이기 어려운 상황도 있겠지만 슬퍼하고만 있을 수 없습니다. 괴로울지라도 찾으면 방법이 나옵니다.

그다음 할 일은 당연히 소비를 관리(대폭 절감)하는 겁니다. 지금 쓰는 금액에서 더 줄일 것을 찾아야 합니다. 어느 정도 소비하면 내가 인간답게(풍요로운 인간의 삶은 포기) 살 수 있을지 정해봅시다.

가장 추천하고 싶은 방법은 구매했던 물건이나 상품 리뷰를 SNS에 남기는 겁니다. 얼마나 바보 같은 선택이었는지를 매우 솔직담백한 증거로 남기세요. 그렇다고 자책만 하거나 스스로를 못살게 굴면서 돈을 모으라는 뜻은 아닙니다. 내가 정말 좋아하는 게 뭔지 알아내서 거기에는 돈을 쓰되, 남들 눈치를 보거나 유행을 쫓거나 즉흥적으로 하는 소비는 줄여야 합니다. 대표적인 나쁜 짓은 '그냥' 시켜먹은 치킨입니다.

Tutorial

○ 우리의 목표는 이것!

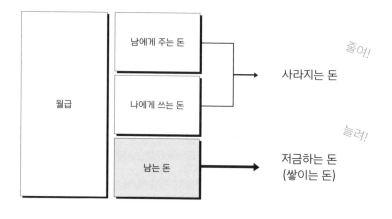

가슴 서늘한 구조조정의 시간

이제 얼추 나가는 돈과 들어오는 돈의 사이즈가 잡혔죠? 하지만 구조가 파악된 거지 아직 완성은 아닙니다. 이제 구조조정의 칼날을 휘두를 시간입니다. 회사에서도 하는데 집에서도 해야 하는 잔인한 인생… 그나마 다행은 내가 당하는 게 아니라 하는 입장이란 거. (그게 그거… 네, 맞아요….)

가장 이상적인 형태

먼저 당신의 현금흐름 상태를 확인해보죠. 제가 생각하는 가장 이상적인 형태는 이겁니다.

○ 저금+투자 > 고정지출 > 소비 > 비상금

적절한 소비 및
저금과 투자 여력으로
미래를 준비할 수 있음

연봉에 관계없이 가장 많은 부분을 '저금과 투자'에 할당하는 상태로, 현금흐름이 이렇다면 합격점입니다. 다음 단계에서 집중할 부분은 저금과 투자를 어떻게 효율적으로 배분하느냐입니다. 사실 20~30대 직장인 연봉이라면 이 상태라 해도 1년에 저축하는 금액은 많지 않을 겁니다. 그건 저금 만기 때 충격 받도록 하고, 일단 이상적인 상태를 만들도록 노력해봅시다.

개선의 여지가 있는 형태 (≒ 혹은 정말 답이 없는 상황)

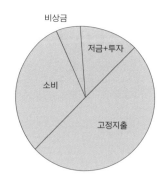

마음먹기에 따라
저금여력을
만들어낼 수 있음

고정지출이 너무 많아요. 고정지출이 많다는 것은 집세나 대출이 자로 나가는 돈이 너무 크다는 뜻이기도 합니다. 집세가 너무 많으면 집 줄이는 방안을 고민해야 하고, 대출이자가 많다면 그걸 줄이는 데 집중해야 합니다. 아니면 유료서비스를 잔뜩 가입하고 있는 것일지도 모르니 끊으세요. 이 시기에는 남들이 "수익성 정말 좋은 상품이 있는데!"라고 꼬드겨도 우선 참으세요. 특히 보험설계사 분들이 "젊을 때 이거 들어놓으라"고 말해도 흔들리면 안 됩니다. 고정지출을 줄이는 데 집중해야지 쥐꼬리만 한 저금과 투자금액에서 수익성을 따지거나 20~30년 뒤의 미래를 꿈꾸며 장기상품에 가입할 때가 아닙니다.

아니라면… 정말 답이 없는 상황일지도 모르겠네요. 고시원에 살면서 하루 두 끼만 먹는데도 돈이 모자라는 경우라면 말입니다. 예컨대 학자금 대출 갚을 금액이 만만찮은데 '열정페이' 회사에 입사했네? 최저임금 수준의 돈을 받아요. 그러면서 부모님과 동생들을 위해 생활비도 보내야 한다면 정말 돈이 없을 겁니다. 이 경우라면 저도 딱히 답을 주기 어렵습니다. 최대한 버티면서 정부에서 발표하는 정책들을 눈여겨봐야 하고(가끔씩 정부에서 도움 되는 걸 하기도 하더라고요), 기회가 있다면 직장을 옮겨야 합니다. 한국전쟁 직후를 버텨온 노인세대의 삶이 이랬습니다. 목숨 걸고 돈 모으기를 해야 합니다.

당신은 아니라고 하겠지만 누가 봐도 과소비

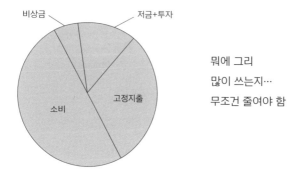

뭐에 그리
많이 쓰는지…
무조건 줄여야 함

소비가 가장 많은 경우. 젊은 나이에 하고 싶은 거 많죠? 수입이 넉넉하진 않지만 친구들 하는 것 다 하고 싶고, 나의 성장을 위해 경험해야 할 것도 많고요. 그렇죠? 아니에요. 당신은 많이 쓰고 있어요. 줄여야 합니다.

포인트 많이 쌓이는 카드를 눈 빠지게 골라서 쓰고, 무이자 할부가 아니면 구매하지 않으며, 특가상품이 나올 때를 기다려 구매하는 등 꽤 절약한다고 착각할 수도 있습니다. 미안하지만 포인트 적립이나 할인보다 안 사는 게 더 남는 장사예요. 무이자 할부 역시 미래에 쓸 돈을 미리 당겨서 쓰는 것뿐이에요. 꼭 필요한 것을 싸게 사는 게 절약이지, 꼭 필요하지 않은 것은 80% 할인해서 사도 낭비입니다.

이런 유형에게 추천하고 싶은 방식이 '강제저축'입니다. (2장 '통장 쪼개기' 부분에서 설명할게요.) 그리고 신용카드 없애고 체크카드 쓰세요.

가끔 이런 얘기 하는 사람들이 있던데요. 중고가로 팔면 돈을 더 번다는 이른바 '명품 재테크' 같은 거요. 그런 식으로 사고팔아서 남기는 데 자신 있으면 차라리 그 길로 나서는 게 나아요. 괜히 핑계 대지 말고.

3개월에 한 번은 현금흐름을 체크하자

정리해봅시다. 당신의 소득은 일정합니다. (슬프죠.) 그럼 결국 얼마를 굴릴 수 있는지는 '모으기'에 달려 있어요. 모으는 금액은 얼마나 많이 '줄이냐'에 따라 달라집니다. 그러니 얼마를 벌고, 얼마를 쓰고, 얼마나 저금(투자)하는지, 이 3개의 숫자가 머릿속에 명확히 새겨져 있어야 합니다. 그래야 다음 단계인 투자로 나아갈 수 있어요. 힘들게 잡아놓은 현금흐름은 유지가 생명입니다. 열심히 현금흐름 정리해봐야 안 지키면 말짱 도루묵이에요. 그러고 적어도 3개월에 한 번씩은 현금흐름을 점검해서 수정해주세요.

제 경험에 비추어보면 쉬운 일은 아닙니다. 돈 없는 현실을 마주하기 너무 싫어서 미루게 되더라고요. 그래도 해야 합니다. 만약 너무 귀찮고 바빠서 6개월에 한 번도 점검하지 못했다면, 당신의 미래는 둘 중 하나입니다. 일이 너무너무 바빠서 회사에서 성공하는 경우(이런 경우도 있더라고요. 게다가 이런 사람은 돈 쓸 시간이 없어서 돈도 모여요!) 또는 너무너무 귀찮아서 그냥 있는 대로 쓰는 경우. 전자나 후자 모두 재테크와는 거리가 먼 삶입니다. 당신이 그런 유형이라면 그냥 편하게 사세요. 돈은 팔자려니 생각하고요.

이런 유형이 아니면, 다시 저를 따라오세요. 돈 모으러 갑시다. 첫
걸음으로 통장 쪼개기에 대해 이야기할 겁니다. 통장을 왜 쪼개냐
고 하면… "우리는 의지박약이라서"라고 대답하겠습니다.

아! 잊지 마세요. 돈 모아서 뭘 할지 상상은 계속하셔야 합니다.
그래야 지치지 않아요.

Tutorial

○   3초 안에 대답!

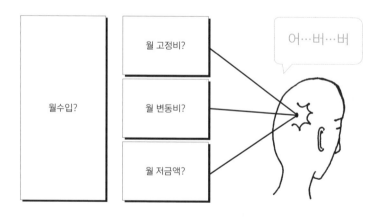

단순한 삶 만들기

'돈을 모아야지!'라고 할 때 가장 먼저 할 일은 저금이나 투자 계획 세우기가 아닙니다. 계획을 잘 세우면 좋은 결과가 만들어질 거라는 헛된 믿음으로 착각하는데, 아닙니다. '정리'가 먼저예요. 새로운 일을 시작하기 전 옛사람들은 왜 목욕재계부터 했을까요? '집중' 때문입니다. 돈 모으는 일은 돈에 집중하는 거예요. 가장 먼저 할 일은 돈에 집중할 수 있는 환경을 만드는 겁니다. 총 5단계입니다.

첫째, 방 정리와 짐 정리 (난이도 하)

실행에 부담도 적고 기분 전환에도 좋고, 성취감도 맛볼 수 있습니다. 정리방법에 대해서도 설명할 게 많지만 보관할 것, 버릴 것, 애매한 것 이렇게 딱 3가지로 분류하는 것이 기본입니다. 옷, 책, 액세서리, 살림도구, 취미용품 등 모든 물건을 3가지 기준에 맞춰서 분류하세요.

여기서 중요한 것은 '애매한 것' 처리법입니다. 커다란 라면상자를 최대 3개 준비해서 애매한 것들을 담으세요. 그리고 테이프로 밀봉합니다. 밀봉하는 이유는 꺼내지 않기 위해서예요. 그러고 1년 뒤, 그 상자를 열어본 적이 없다면 상자 그대로 열어보지 않고 버리면 됩니다. 비웠으니 채우겠다며 쇼핑하는 분들도 있던데, 꿈도 꾸지 마세요. 정리하는 목적은 '물건 소비로 유도하는 삶의 가지들을 없애는 것'이니까요.

둘째, 정기적으로 돈 나가는 항목 정리 (난이도 하)

요즘 이렇게 나가는 돈이 은근히 많습니다. 월세나 대출금 말고도 고정적으로 돈 쓰는 곳이 많아졌습니다. 대표적인 것이 휴대폰 요금인데 이건 안 쓸 수 없으니 다른 걸 찾아보죠. 구독서비스예요. 넷플릭스도 봐야지, 웨이브에서 지상파 실시간 방송도 봐야지, 광고 싫으니 유튜브 프리미엄도 가입해야지, (믿거나 말거나) 지식을 쌓기 위해 리디북스나 밀리의서재도 구독하고 있을지 모르겠군요. 국가가 허용한 유일한 마약인 음악도 월정액으로 들을 가능성이 크고요.

시간은 한정적이라 제대로 다 즐길 수 없어요. 그러니 덜 보는 것부터 끊으세요. 자기계발 중요하죠. 그렇다고 헬스나 요가, 필라테스 학원을 꼭 다닐 필요는 없습니다. 미술이나 도자기, 악기를 배우는 것도 유익하지만 다 할 수는 없어요. 많이 빠지는 것부터 끊으세요. 구체적인 방법들은 인터넷이나 책에 많이 있으니 잘 찾아봐요. 이것만 새겨두세요. '끊으면 돈이 됩니다.'

셋째, 통장과 카드 정리 (난이도 중)

투자나 저금을 위한 통장은 예외입니다. 적금이나 예금, 펀드, 청약 통장 등은 정리대상이 아니에요. 돈이 들고나는 이력이 없는 보통예금 통장들이 정리대상입니다. 굳이 없애기 싫으면 월급통장과 소비통장만 명확히 구분해도 됩니다. (구체적인 방법은 2장에서 살펴보겠습니다.) 신용카드도 없애거나 하나만 쓰세요. 혜택이 많으니 사용처 별로 카드를 쓰겠다는 생각은 깜찍해 보여도 그걸로 돈 모으는 사람 없습니다. 지금은 줄이는 것이 백배 나아요. 권장하는 방법은 체크카드에 적립률 높은 '페이' 서비스를 함께 쓰는 겁니다. 할부 구매도 피하면서 적립 포인트를 챙기는 방법입니다. 하지만 가장 좋은 방법은 역시 '덜 쓰기'입니다. 그런 다음 좋아하는 것 한 가지에만 돈을 쓰는 겁니다.

넷째, 지출이력과 반성문 작성 (난이도 중)

지출이력의 핵심은 '금액'과 '왜?'입니다. '왜?'가 더 중요합니다. 앞에서 말했죠? '그냥' 시켜먹은 배달음식이 최악입니다. 비슷한 것으로 '유행' 때문에 구매하는 옷이나 물건이 있죠. 특히, 옷! 다 알잖아요. 패션의 완성은 얼굴입니다. 우리같이 밋밋하게 생긴 사람들은 비싼 옷 입어도 나아 보이지 않아요. 차라리 유튜브에서 코디법을 배우세요.

반성문은 앞에서 말한 것처럼 인스타그램 부계정 하나 만들어서 게시하세요. 영구히 당신의 소비 이력을 관리해줄 겁니다. 혹시 아나요? 셀럽이 돼서 누군가 협찬을 해준다고 할지.

좋아하는 일의 기준은 '늙어서도 할 일'입니다. 좋아하는 일이 없으면 시간이 남을 때 '돈 쓸 일'에 휘둘릴 위험이 커져요. '그냥' 또는 '트렌드니까', '친구가 하자고 해서'라며 여기저기 기웃거리게 됩니다. 자본주의 사회에서 '기웃거림'까지는 공짜지만 '체험'부터는 돈입니다.

시간 남을 때 좋아하는 일을 꾸준히 하면 전문성을 갖출 정도가 돼 부업기회도 생겨요. (저 봐요. 아는 척하면서 잔소리하는 거 좋아하니까 책도 쓰잖아요. 책으로 과연 얼마나 벌지는 알 수 없지만….) 친구들 때문에 흥미 없는 일에 '그냥(돈 쓰러)' 따라갈 위험도 줄어들고요! 그냥 '여러 가지'를 해보는 건 다방면에 능력이 출중하거나 호기심이 많은 게 아니라 변덕스럽고 끈기 없는 겁니다.

마지막으로 '사람 정리'가 필요합니다. 돈 되는 사람을 만나라는 뜻이 아니에요. 긍정적인 에너지를 주는 사람을 만나라는 겁니다. 부정적인 에너지를 주는 사람이라면 미안하지만 정리하는 게 나아요. 긍정적인 에너지는 소비 에너지가 아니에요. 금요일 밤을 불태우는 만남은 당신에게 엄청난 에너지를 주는 것 같지만 아닙니다. 순식간에 모든 것을 태워버리는 캠프파이어의 불꽃과 방안을 덥히는 보일러의 불꽃은 같은 불이지만 결과는 전혀 다르잖아요. 사람을 정리하라는 건 '좋은 친구를 사귀어라'라는 부모님 잔소리의 성인 버전쯤 됩니다. 그만큼 중요하고 어렵습니다.

2장
돈 모으는 첫 걸음,
'통장 쪼개기'

의지 약한 나를 위한 통장 쪼개기

이제 당신은 3가지 숫자(나가는 돈, 쓰는 돈, 남는 돈)를 알고 있습니다. 3가지 숫자의 합은 '수입'과 같고요. 아직도 자신의 현금흐름을 잘 모르겠다면 1장으로 돌아가서 체크하세요. 숫자를 모른 채 건너뛰는 건 '정답 미리 보기'와 같습니다. 답을 미리 보면 당장은 문제를 풀 수 있을지 몰라도 다음에 또 틀립니다. 외우기 귀찮고 힘들죠? 고생하는 당신을 위해 과감히 1000원 단위까지는 기억하지 않아도 된다고 해드리겠습니다.

이제 본격적으로 통장 쪼개기를 할 겁니다. 앞서 말했듯이 대부분의 사람은 의지가 약하기 때문에 통장에 돈이 보이면 쓰지 않고는 못 배깁니다. 힘든 나를 위해 보상도 해줘야 하고, 트렌디한 것들도 해보고 싶어요. 요즘은 쉽게 할인 정보를 얻을 수 있어서 싸게 살 수 있으니 '죄책감'도 덜 느낍니다. 그래서 돈이 없어요. 그나마 위안이라면 당신만 그런 게 아니라 저도 그렇고 다 똑같다는 사실….

돈 모으는 방법은 수입을 늘리거나 지출을 통제하는 것밖에 없는데, 수입을 늘리기는 어려우니 남은 방법은 지출 통제뿐입니다. 통장을 쪼개는 건 내가 쓸 수 있는 돈에 한계를 두어 강제로 못 쓰게 하는 강한 통제책입니다. 이자율이 높은 곳에서 수익률 높이려는 의도! 그런 거 아니에요. 그저 우리의 의지박약을 이겨내기 위한 수단일 뿐입니다. 다이어트할 때 눈에 띄지 않게 과자봉지를 치우잖아요. 통장 쪼개기는 말하자면 과자봉지 치우기입니다.

몇 개로 어떻게 쪼갤까?

일단 2개로만 쪼갭니다. 익숙해지면 더 늘려도 됩니다. 지금 당장 필요한 것은 통장 2개와 체크카드입니다. 월급쟁이라면 통장 하나씩은 다 가지고 있을 겁니다. 어떤 통장일까요? 네! 월급이 들어오는 통장이죠. 그러니 통장 한 개만 더 만드세요.

급여통장은 '저수지통장'으로 활용합니다. 이 통장에 들어온 돈은 한 달 안에 다 사라질 겁니다. 저금, 월세, 학원비, 통신요금, 대출금, 용돈 등으로 모든 돈이 빠져나갑니다. 한 달 넘게 돈이 남아 있으면 안 됩니다. 다 나가도록 만드세요.

저수지통장은 이체 수수료 없는 것이 최고입니다. 통장에서는 각종 돈이 흘러 나가기만 할 테니까요. 회사에서 급여통장 은행을 지정해주는 경우가 많으니 그것으로 하고, 회사에서 지정해주지 않으면 회사에서 가까운 은행으로 가세요. 대신 내 통장이 급여이체 우대통장인지 확인해보세요. 보통은 급여이체 실적이 있으면 혜택을 줍니다. 대부분 그래요. 정 모르겠으면 은행에 방문해서 어떤 통장이 좋은지 상담 한 번 받으세요. 잘 알려줄 겁니다.

새로 만든 통장은 '용돈통장(소비통장)'으로 사용합니다. 월급이 들어오면 1장에서 세운 '소비' 금액만큼 이 통장으로 이체하세요. 이 통장의 역할은 딱 하나입니다. '내가 한 달 동안 쓸 수 있는 돈은 이것이 전부'라고 스스로를 세뇌시키고 그만큼만 쓰는 것!

세뇌 상태를 유지하려면 무기가 하나 더 필요합니다. '체크카드'입니다. 신용카드는 당분간 잊으세요. 신용카드 없다고 신용불량자 되지 않습니다. 쓰던 신용카드가 있다면 점차 줄이거나 '선결제'라는 제도를 활용해서 갚으세요. 없애기 어려운 상황이라면 안 보이는 곳에 감춰두세요.

체크카드를 만드는 이유는 현금흐름을 유지하기 위해서입니다. 사회초년생에게 신용카드와 체크카드의 차이는 딱 하나입니다. 미래의 수익을 당겨 쓸 수 있으면 신용카드, 현재의 수익만 쓸 수 있으면 체크카드. 지름신에 대항할 수 있는 유일한 무기가 체크카드예요. 신용카드사에서 주는 포인트와 각종 할인혜택? 일단 잊으세요. 체크카드만 가지고 1년 이상 잘 살면 그때 신용카드 만들어도 손해

보지 않습니다. 얼마 되지도 않는 혜택에 목매지 마세요. 혜택에 그렇게 미련이 남으면, 체크카드 만든 다음에 혜택 좋은 '페이' 서비스에 묶어서 쓰세요.

용돈통장은 조금이나마 이자율 높은 곳으로 하세요. 아울러 혹시 모를 현금인출을 위해 ATM이 많거나 현금인출 수수료가 없는 은행이나 증권사 CMA로 만드세요. 영업시간 이후에도 무료로 해주는 곳이 있다면 더 좋겠죠? 이도저도 모르겠으면 일단 만들기 편한 곳에서 빨리 만드세요. '빨리'가 중요합니다. 바쁜데 언제 은행 가냐고요? 요즘은 은행 안 가도 만들어줘요. 이른바 '비대면 통장 만들기'입니다. 카카오뱅크가 대표적이죠. 만들기도 쉽고 이체도 간편하고, 족쇄 같은 공인인증서 없어도 되고, 카드도 예쁘잖아요?

만들어진 통장들의 역할을 정리해보면 이렇게 될 겁니다.

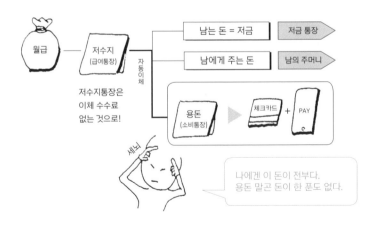

이제 내 월급의 흐름이 눈에 들어오죠? 크게 3가지입니다.

첫째는 남에게 주는 돈. 핵심은 '나중에도 나에게 모이지 않는 돈.' 통신비, 월세, 관리비, 학원비 등입니다.

둘째는 남는 돈. 저금할 돈이라 생각하시면 됩니다. 보험 중에서 저축성보험은 이곳, 실비보험처럼 없어지는 돈은 나가는 돈. 기억하시죠?

셋째는 용돈. 내가 쓸 수 있는 돈. 식비나 교통비는 이곳으로 보내는 게 편리합니다.

이 3가지 돈 액수는 계속 기억해두세요. 살아가기 위해 얼마를 쓰는지(나가는 돈), 얼마가 남는지(저금하는 돈), 얼마를 즐기려고 쓰는지(용돈). 자동차 관련 비용이요? 차 아직도 안 파셨나요?

그다음은요?

용돈과 나가는 돈을 줄입니다. 최소한 '유지'가 목표입니다. 단, 자신의 행복 우선순위에 따라 줄여야 합니다. 이 부분이 중요합니다. 여름에는 죽어도 에어컨이 필요하다면 전기료가 들더라도 유지하세요. 대신 맛있는 걸 덜 먹어야 합니다. 또는 여행을 포기하거나 구독하는 것 하나를 줄여야 합니다. 목숨 걸고 돈 모으려 하지 말고, 내가 정말 좋아하는 것에만 돈을 쓰세요. 돈 모으는 속도는 조금 더 디겠지만 대신 습관이 잡히고, 무엇보다 지치지 않습니다. 사회초년생에게는 이것이 더 중요합니다. 지치지 않고 꾸준히 하는 것.

이렇게 줄인 돈으로 뭘 할 거냐고요? 저금할 겁니다.

'나는 에어컨도 필요하지만, 친구와의 좋은 음식과 나를 위한 투자도 필요하다'고 생각하세요? 그럼 돈 모을 생각은 접어두세요. 그리고 행복하게 현재를 즐기시면 됩니다.

Tutorial

○ 돈만 보이면 쓰지 않고 못 배기는 의지 약한 나를 위해 통장을 분리한다.

○ 체크카드(+페이 서비스)만 쓰면서 스스로를 세뇌한다.

○ 이 모든 것은 결국 '남는 돈'을 최대한 많이 보호하기 위해서!

○ 남는 돈이 있어야 돈이 모이는 거 알죠?

싱글인 당신에게 비상금이 필요한 이유

통장을 쪼개라는 이유는 앞에서 설명했죠. 이제 통장을 한 번 더 쪼갤지 말지 고민해야 하는 시점입니다. '비상금'을 만들 겁니다. 기혼자들에게 비상금은 배우자 몰래 조성하는 돈입니다. 나 혼자만 알고 싶은 소비를 몰래 하려고 만드는 돈이죠. 하지만 사회초년생 비혼 월급쟁이들에게 이런 돈은 필요하지 않잖아요?

비상금은 현금흐름을 안정화하는 방어수단

지금까지 계속 얘기한 것이 뭐였죠? 네, '현금흐름 안정화!' 들고 나는 돈을 잘 통제해서 안정적으로 돈을 모을 수 있는 환경을 만들라는 겁니다. 그래서 현금흐름도 파악했고, 통장도 쪼갰어요.

그런데 인생이란 게 늘 내 뜻대로 되지는 않잖아요. 갑자기 일이 펑하고 터져요. 갑자기 돈 들어갈 일이 생깁니다. 그럼 기껏 통제하면서 줄여놨던 현금흐름이 순식간에 깨져버리고 의도했던 방향이 틀어집니다. 이런 사태를 방지하기 위해 만드는 항목이 비상금입니다.

학생 때와 달리 사회생활을 하게 되면 상갓집에 갈 일도 생기고, 연락 없던 옛 친구가 갑자기 청첩장을 보내오기도 합니다. 돌잔치는 왜 이리 많은지! 그래서는 안 되지만 갑자기 몸이 아프거나 멀쩡하던 치아가 말썽이어서 병원에 갈 수도 있고요. 이럴 때 쓸 돈을 준비해야 합니다. 안 그러면 피 같은 적금을 깨거나 대출을 받아야 하거든요. 못 먹고 못 입어가며 모으는 돈의 이자는 내 새끼손톱만 하지만 대출이자는 거인 손바닥만 해요. 저축/투자 항목은 건드리지 않아야 하는데 위기가 오는 거죠. 이럴 때 쓸 돈이 비상금입니다.

비상금은 정말 비상사태 때 쓰는 거니까 또 분리!

비상금은 저수지통장에 넣어서 관리해도 됩니다. 하지만 사람 마음이 그렇잖아요. 저수지통장에 돈이 남아 있는 것을 보면 고생한 나를 위해 선물을 주고 싶어져요. 그래서 저수지통장에는 한 달 넘게 돈이 쌓여 있으면 안 된다고 하는 겁니다. 저수지통장에 잠시 들어 있는 돈도 없는 셈 쳐야 하는데, 비상금은 그것보다 더 모르는 척하는 돈이어야 해요.

그럼 비상금통장은 어떤 걸로 만들까요? 저는 증권사의 CMA를 추천합니다. 복잡한 것을 최대한 단순하게 설명해보면, 이 통장은 보통예금보다 이자가 더 붙어요. 그리고 매일매일 붙습니다. 정기예금보다는 낮지만 보통예금보다는 높죠. 큰 기대는 마세요. 미세먼지만큼 높아요.

이자 높은 정기예금에 들면 되지 않느냐고요? 비상금은 언제 찾을지 모르는 돈이라 '기간'에 묶여 있으면 안 됩니다. 바로 찾을 수 있는 돈이어야 하죠. 정기예금은 이자율이 조금 높지만 중도해지하면 한 푼도 못 받게 되거든요. 안 그런 상품도 요즘 나오기는 합니다. '중도인출'이라는 제도가 있는 통장이 있어요. 정기예금처럼 굴리지만 일이 터질 때 일부 금액을 꺼내도 되는 상품이니 공부 삼아 한번 찾아보세요.

얼마나, 어떻게 모을까?

보통은 2~3개월 어치 생활비 정도를 모으라고 하는데요. 정해진 규정은 없으니 본인에게 적절한 금액을 찾으면 됩니다. 제 생각에 100만 원은 넘겼으면 좋겠고 500만 원은 사회초년생에게 많아 보입니다. 생각했던 금액이 넘으면 그다음부터는 또 저금!

비상금은 저금과 투자를 병행하며 한 달에 10만 원이든 5만 원이든 크지 않은 금액으로 쌓기를 추천합니다. 아니면 회사에서 가끔 상여금을 줄 때 한 번만 눈 질끈 감고 비상금통장에 넣으세요.

다 만들었다고요? 축하합니다! 현금흐름과 통장 쪼개기가 완성되면 이렇게 될 겁니다.

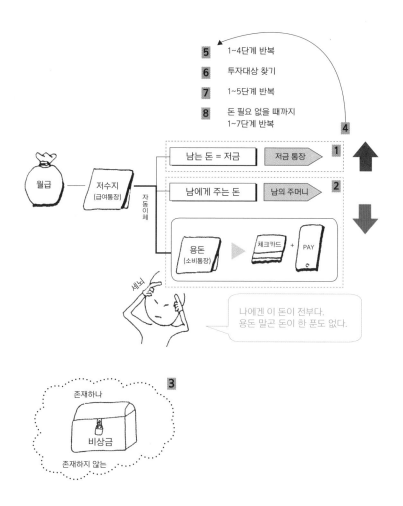

5   1~4단계 반복

6   투자대상 찾기

7   1~5단계 반복

8   돈 필요 없을 때까지
      1~7단계 반복

4

월급 → 저수지 (급여통장)

자동이체

남는 돈 = 저금   저금 통장   1

남에게 주는 돈   남의 주머니   2

용돈 (소비통장) ▶ 체크카드 + PAY

세뇌

나에겐 이 돈이 전부다.
용돈 말곤 돈이 한 푼도 없다.

3

존재하나

비상금

존재하지 않는

이런 시스템을 만들고 나서도 3개월 정도는 계속해서 조정을 해줘야 할 겁니다. 어느 달은 용돈이 많이 남고, 어느 달은 비상금통장의 돈을 끌어다 써야 할 만큼 부족할 수도 있어요. 모두 본인에게 적합한 구조로 안정화되도록 관리해야 해요. 일반적으로는 이런 프로세스가 될 겁니다.

- ○ 1. 용돈통장에 잔액을 남기도록 노력한다 → 저축/투자 여력을 높인다.
- ○ 2. '남에게 주는 돈'을 줄여서 저수지통장에 돈이 쌓이도록 노력한다 → 저축/투자 여력을 높인다.
- ○ 3. 1번과 2번으로 기존 저축/투자 외에 돈이 조금 남으면 우선 비상금통장으로 옮긴다.
- ○ 4. 목표한 비상금이 쌓이면 남는 돈은 저축/투자 상품에 집어넣는다.
- ○ 5. 목돈이라 할 만큼 돈이 모일 때까지 1~4번을 반복한다.
- ○ 6. 목돈이 모이면 투자대상을 찾는다.
- ○ 7. 이 와중에도 1~5번을 반복한다.
- ○ 8. 돈이 더 필요 없을 때까지 1~7번을 반복한다. (결국 평생 해야 한다.)

여기까지 다 됐다면, 이제부터는 재테크의 가장 기본상품인 예금과 적금에 대해 이야기해보겠습니다.

이 세계 용어 익히기

보통 재테크 책에서 이런 설명까지 하지는 않지만, 우리는 사회초년생이니까 이런 설명도 필요합니다. 재테크 공부를 할 때 흔히 접하게 되는 '업계 용어'들을 알아보고 넘어가겠습니다.

적금(목돈 모으기)

목돈은 '비교적 큰돈'을 뜻해요. "한몫 잡아볼까?"라고 말할 때 그 목입니다. 돈을 모은다는 개념이니 '적금'이 맞겠죠. 적금은 돈(金)을 쌓는다(積)는 의미예요, 그래서 적금. (별걸 다 말하네요.)

예금(목돈 굴리기)

'목돈 굴리기'는 주로 '예금'입니다. 예금은 돈(金)을 맡긴다(預)는 뜻입니다. 굴리는 의미는 알죠? 회사에서 당신을 굴리잖아요. 왜요? 일하라고! 돈 벌어오라고! 돈을 굴리면 '수익'이 발생해요. 보통 정기예금 상품을 말합니다.

만기원리금

이것도 알고 나면 별거 아닌데 처음 보면 낯설어요. 만기는 기간(期)이 꽉 찼다(滿)는 의미입니다. 군인들이 '만기제대'라고 할 때 기간을 꽉 채우고 제대했다는 뜻이죠. 원리금은 원금(元金)과 이자(利子)를 합친 금액을 말하고요. 다시 풀어서 쓰면 '만기가 되었을 때 원금과 이자를 합친 금액'을 말하는 겁니다. 예금이나 적금을 했다면 '만기원리금'은 받을 돈이고, 대출을 했다면 '만기원리금'은 갚아야 할 돈입니다.

월 적립액

이건 내가 목표로 하는 금액(원금과 이자를 합쳐서)을 만들려면 매달 얼마씩 돈을 넣어야 하는지에 대한 겁니다. 요즘은 금융 앱에서 쉽게 계산해주니 심심할 때 해보세요.

적립기간

내가 넣을 수 있는 돈으로 목표금액을 만들려면 몇 개월이나 걸릴지에 관한 겁니다. 1000만 원을 만들고 싶은데 지금 여력이 한 달에 10만 원밖에 안 된다면 몇 개월이 걸리겠냐는 거죠. 이것도 심심할 때 해보세요.

단리와 복리

'단리'와 '복리'라는 개념이 있는데, 큰 의미는 없습니다. 복리상품이 거의 없거든요. (저축은행 상품 중에 간혹 있긴 하지만… 암튼.) 단리는 최초 원금에만 이자를 계산하는 방식이고, 복리는 최초 원금에 이자를 더한 금액을 원금으로 생각해서 이자를 준다는 겁니다. 저금하는 사람 입장에서는 단리와 복리 중 뭐가 더 좋아요? 복리! 끝.

일반과세

드디어 세금입니다. 일반과세는 '일반적인 경우에 부과되는 세금'을 뜻해요. 이자소득세는 일반적인 경우 15.4%를 뗍니다. 세율은 계속 변하니 몇 년 후에는 이 글이 틀릴 수도 있어요.

세금우대

'세금우대'라는 말은 사실 좀 웃기긴 합니다. 세금을 우대해서 더 받겠다는 것이 아니라 세금을 깎아준다는 뜻이니까요. 2020년 기준으로 세금우대를 받으면 15.4%를 내는 것이 아니라. 9.5%를 냅니다. 하지만 젊은 그대들에게는 별로 해당이 안 되네요. 나이 드신 분들 대상이거나 요구조건이 있거든요. 그리고 아주 드물지만 세금우대 상품이 있다면 적금이 아니라 예금으로 가입하셔야 합니다! 예금이자가 더 많으니 세금혜택도 코딱지 절반만큼 커집니다.

비과세

비(非)과세(課稅, 세금을 매김). '세금을 매기지 않음=세금 안 뗌=다 내 돈'이란 뜻입니다. 가장 좋은 경우죠. 하지만 이것도 조건이 참 까다롭습니다. 은행에서 파는 일반적인 정기예금 상품 중에는 비과세가 없어요. (정기예금 중에 이런 게 있으면 무조건 가입하세요!) 소득공제나 세금공제 상품 중에 '비과세'라고 홍보하는 것 많이 보실 겁니다. 조건이 매우 까다로워서 달성하기 쉽지 않아요. 조건이 까다로운 상품은 일부(한두 개)만 쓰세요. 안 그러면 나중에 고생합니다.

3장
재테크 습관은
'저금'에서부터

저금은 배신하지 않아요(짜서 그렇지…)

당신은 이제 자신에게 매월 얼마의 돈이 남는지 알고 있습니다. (모른다고요? 아놔…! 책 덮고 먼저 파악!) 이제 이 돈으로 무엇을 할까요? 가장 쉽고 가장 널리 알려진 '저금'을 할 겁니다.

왜 저금일까요? 가장 확실하기 때문입니다. 원금을 까먹지 않습니다. (물가상승률 이야기는 좀 뒤로 미루죠.) 돈이 사라지지 않고 남습니다. 어려운 말로 '원금보장'이라 합니다. 펀드나 주식 등 투자상품은 돈을 벌 수도 있고 잃을 수도 있지만 저금은 확실하게 원금보장이 되고, 더해서 코딱지만큼 확실하게 '이자'도 줍니다.

이자율(=금리) 2%라면 너무 낮아 보이죠? 이자 액수만 보면 굳이 저금할 이유가 없어 보입니다. 하지만 이자를 무시해도 원금이 남습니다. 만약 저금하지 않고 돈을 썼다면 원금은 고사하고 부스러기 이자도 없을 겁니다. 사회초년생에게 중요한 건 '모이는 원금'입니다. 이자보다 원금! 수익보다 원금!

또 하나, 사회초년생에게 가장 중요한 것은 '현금흐름'과 '습관'이라고 했죠? 저금은 보통 1년 상품이라 1년을 참으면 얼마의 원금과 이자가 생기는지 확실히 알 수 있습니다. 현금흐름이 예측된다는 거죠. 실질적인 이유 또 하나, 당신은 지금 돈이 없어요. 굴릴 돈이 없다고요! 그러니 일단 굴릴 돈을 모아야 해요.

그러니 묻지도 따지지도 말고 일단 저금하세요. 불필요한 소비를 줄이면서 '안전한 원금'을 지속적으로 만드는 습관! 이 습관이 잡히지 않았다면 더욱더 저금해야 합니다. 습관이 잡히면 뭐가 생긴다? '목돈'이 생긴다!

얼마나 어디에?

저축액 목표를 가장 쉽게 제시하면 이렇습니다.

○ 나가는 돈 + 용돈 < 남는 돈(=저금)

1장 '현금흐름'에서 가장 이상적인 형태라 했던 그림입니다. 불가능하다고요? 그럴 수 있죠. 기준 하나를 드린 거예요. 이 기준에 미치지 못한다고 해서 당신이 실패자인 것도 아닙니다. 이 기준을 토대로 각자 상황에 맞는 목표를 정해가면 됩니다. 안 되는 백만 가지 이유를 대면서 따지면 돈을 모을 수 없습니다.

예금 이자 : 사각형 면적 구하기

이자율 얘기가 나왔으니 이참에 한번 계산해볼까요. 이자율을 알아야 이자가 얼마나 될지 가늠할 수 있으니 반드시 알아야 합니다. 또한 이자율은 모든 투자와 소비의 기준 잣대로 활용할 수 있습니다. (나중에 설명할게요.) 무엇보다도, 이자율도 모르면서 재테크 하겠다고 덤비는 건 사칙연산을 못하면서 미적분을 하겠다고 우기는 것과 다르지 않습니다. 이자율 계산, 나아가 '이자율 개념'이 필요한 이유입니다.

우선 예금 이자율부터 계산해보죠. 아, 예금이랑 적금의 차이는 알고 있죠? 예금은 보통 1년 뒤에 원금과 이자를 받는 상품이고. 적금은 매월 조금씩 금액을 넣다가 대개 1년 뒤에 넣었던 돈(불입금=원금)과 이자를 받는 상품입니다. 이것도 몰랐다고 하지는 말아주세요.

위비톡 예금
위비톡만 해도 금리가 톡톡~! 올라가는
위비뱅크 전용 정기예금

위비뱅크가입 상세보기 ♥ 관심상품 📋 비교함담기

최고
연 **1.80%**
(12개월 세금 납부 전)

우리나라 학교에서는 이런 걸 왜 안 가르치는지 모르겠습니다.

예금 이자율 계산은 쉽고 간단합니다. 아는 내용이면 건너뛰어도 됩니다.

위의 예시는 시중은행 한 곳의 상품입니다. 재테크와 관련된 글을 읽을 때 꼭 체크해야 하는 것이 있는데, 바로 '게시일'입니다. 금리와 세율과 정책은 항상 변하거든요. 특히 이자율이 그래요. 그러니 언제 이야기인지 잘 살펴봐야 합니다.

여기서 봐야 할 내용은 3가지, '연 1.80%'라는 숫자와 '최고'와 '세금 납부 전'이라는 단어입니다. 각각의 단어가 무엇을 의미하는지 알아보죠.

이자를 얼마나 준다고?

연 1.80%의 의미는 1년 동안 은행에 돈을 맡기면 당신에게 이만큼의 비율을 이자로 주겠다는 겁니다. 이건 쉽죠? 1000만 원을 맡기면 1년 뒤 만기가 됐을 때 18만 원의 이자가 생깁니다. 18만 원! 한 달 치로 따져보면 1만 5000원을 준대요! 야호! (금액이 적다고 허탈해하지 마세요. 아직 당황하긴 일러요.)

'최고'라는 단어가 있네요. 이건 뭘까요?

당신이 모든 조건을 맞추면 1.80%를 줄 수 있다는 뜻입니다. 이 말은? 조건에 미달하면 1.80%를 주지 않겠다는 뜻이죠. 그 조건은 뭘까요? '상세보기'를 눌러보면 안내가 나옵니다.

조회기준일 : 2016. 08. 26 (연이율, 세금 납부 전, %)

구분	기간 및 금액	금리(연)	비고
약정이율	1년	1.40	우대조건 충족시 최대 연 0.4% 우대
중도해지이율	중도해지이율	▶	신규가입일 고시한 일반정기예금의 중도해지이율 적용
만기후이율	만기후이율	▶	만기일에 고시하는 일반정기예금의 만기후이율 적용

실제 이자율은 1.40%인데, 당신이 '우대조건'을 충족한다면 최대 0.4%를 더해서 최고 1.80%를 주겠다는 의미예요. 대개 우대조건은 '귀찮은 일'일 가능성이 큽니다. 그리고 우대조건을 맞추지 못하면 당신은 1.4%의 이자를 받게 됩니다. 그러니 '우대조건'이란 것이 붙어 있으면 내가 조건에 해당되는지 따져본 후에 금리를 비교해야 합니다. 인터넷 쇼핑을 예로 들면 배송비 포함이냐 아니냐로 최저가를 찾는 것과 비슷합니다.

'세금 납부 전'은 뭐지?

보통은 '세전'이라고 하죠. 당신이 받을 거라 생각한 이자는 아직 나라에 세금을 내기 전의 금액이란 뜻입니다. 세금을 떼고 난 이자를 '세후'라고 하고요. 세금을 얼마나 떼는지는 앞에서 말했어요.

15.4%입니다. 흥분하지 마세요. 원금의 15.4%를 떼는 게 아니고 이자에서 15.4%를 뗀다는 뜻이에요.

그럼 앞의 예금상품에서 우대조건이 없을 때 결과적으로 얼마나 받는지 계산해볼까요?

- 세전이자 = 1000만 원 × 1.40% = 140,000원
- 세금 = 14만 원 × 15.4% = 21,560원
- 세후이자 = 14만 원 − 2만 1560원 = 118,440원 (실제로 받는 이자금액)

벌써 머리 아파하면 안 됩니다. 은행 정기예금 이자 계산이 가장 간단한 상품입니다. 그래도 헷갈리면 '1년짜리 정기예금에 넣으면 '원금×이자율'만큼의 이자를 받는데 세금으로 좀 뜯긴다' 이렇게 정리하세요. 꼭 금액을 알고 싶으면 인터넷에서 계산기 검색하면 알 수 있습니다.

금리는 언제나 연금리!

그런데 말입니다, 정기예금을 꼭 1년씩만 해야 할까요? 1년이 아니라 6개월이나 3년을 들 경우 이자율은 어떻게 되고 이자는 얼마를 받게 될까요? (개인적으로 이걸 몰라서 무식한 상상을 한 적이 있었어요.)

자, 여기 좀 이상한 상품이 있습니다.

우리e-알찬정기예금

짧은 기간에도 높은 금리를 제공하는 인터넷 전용 정기예금

인터넷전용 | 예금자보호 | 금리보기 | 미리보기

최고 연
0.77%
(1개월)

정기예금 금리는 아무리 낮아도 1%대였는데 이 상품은 0.77%를 준다네요. 더 웃긴 건, 버젓이 은행에서 '추천'을 하며 게다가 '인기'라고도 합니다. 뭐죠, 이건?

잘 찾아보니 이자율 말고도 뭔가 다른 게 보입니다. 그렇죠. '1개월'이라는 놀라운 숫자가 있군요. 앞에서 본 상품은 12개월에 1.8%인데 이 상품은 1개월에 0.77%라고? 그럼 얼른 이 상품 가입해야겠네요? 금리가 이렇게 높잖아요. 1000만 원이 있다고 가정하고 이자를 계산해보자고요.

○ 1개월 예금 후 만기 때 받을 금액은 1000만 원 × 0.77% = 77,000원

○ 그다음 달에 또 1000만 원 가입하면 1000만 원 × 0.77% = 77,000원

○ 1년간 12번을 반복하면 이자가 7만 7000원 × 12 = 924,000원!!!

과거의 저는 위와 같이 상상했더랬습니다. 당신도 그렇다고요? 하지만 이런 상상으로 가입하는 순간 당신은 바보임을 증명할 뿐이에요.

1000만 원을 가입하고 1개월 뒤에 당신이 받은 이자는 얼마일까요? (우대조건이나 세금은 일단 무시하겠습니다.) 7만 7000원이었을까요?

아뇨. 6416원입니다.

왜냐고요? 앞의 그림을 다시 잘 보세요. 금리 위에 '연'이라고 표시되어 있죠? 이 글자 하나로 바보인증을 한 겁니다. 은행이 말하는 이자는 언제나 '연리'입니다. 즉 '당신이 1년간 은행에 돈을 맡길 경우'를 뜻해요. 한 달만 맡기면 연리의 12분의 1만큼만 이자를 줍니다. 많이 헷갈리는 내용이니 잘 기억해두세요.

결과적으로 이 상품에 1개월씩 가입해서 12번을 돌려도 결국 1년에 0.77%짜리 상품에 가입한 것과 같아요. 이 상품보다는 1년 정기예금 1.8%짜리가 훨씬 좋은 겁니다. 1년 맡길 거면 연금리가 가장 높은 상품에 드는 게 맞습니다. 1개월은 12개월이 아니라 '1개월도' 가입할 수 있는 상품이란 의미입니다.

이런 바보 같은 상품에 가입하는 바보가 있을까요? 있으니까 만들었겠죠. 돈을 꼭 1년 동안 묶어둘 필요는 없잖아요. 누군가는 3개월만 돈을 굴릴 수 있는데 1년짜리 정기예금만 있다면 아무 상품도 가입 못하게 됩니다. 1년보다 짧게 돈을 굴려야 하는 상황은 생각보다 종종 생겨요. '노느니 뭐해?'라는 심정으로 쓰기에 좋은 상품인 거죠. 1000만 원으로 계산하면 별것 아니지만 10억 원을 1개월간 맡긴다고 생각해봐요. 그럼 이자가 약 70만 원이 돼요. 적지 않죠?

이해되시죠? 은행의 이자율은 월금리가 아니라 연금리라는 점 기억해두세요. 반대로 연금리가 아니라 월금리로 표시하는 금융기관도 있습니다. 주로 대부업체예요. 이때 금리는 당신이 갚아야 하는 이자금액입니다. 대부업체는 기웃거리지도 마세요.

그리고 이자는 '맡긴 기간'에 비례해서 줍니다. 이 말뜻을 잘 이해해야 '적금 금리'에 대한 오해가 풀려요. 다음은 적금입니다!

Tutorial

○ 예금 이자 계산법(1년 기준)

○ 세전이자 = 원금 × 금리(은행이 말하는 이자)

○ 세금 = 이자 × 15.4%(보통의 경우)

○ 세후이자 = 세전이자 - 세금(실제 이자)

적금 이자: 삼각형 면적 구하기

이제 적금에 대해 알아볼까요. 간단히 말해 예금은 목돈을 굴리는 상품이고, 적금은 목돈을 만들기 위한 상품입니다. 은행에서 똑같은 이름으로 판매하는 예금과 적금 상품 중 어느 쪽의 이자가 많을까요?

[목돈굴리기상품] 금리우대 & 쇼핑할인! 추천 인기 신상품

위비 꿀마켓 예금
위비톡, 위비멤버스로 금리우대 받고!
위비마켓 쇼핑할인 받고!

인터넷전용 | 예금자보호 | 금리보기 | 미리보기

최고 연
1.80%
(12개월)

[목돈모으기상품] 금리우대&쇼핑할인! 추천 인기 신상품

위비 꿀마켓 적금
위비톡, 위비멤버스로 금리우대 받고!
위비마켓 쇼핑할인 받고!

인터넷전용 | 금리보기 | 미리보기

최고 연
2.00%
(12개월)

정말 이름이 똑같네요. 하나는 예금, 하나는 적금. 차이를 보면 예금은 최고 1.80%이고, 적금은 최고 2.00%라는 겁니다. 물론 연금리 기준이겠죠?

당신에게 1200만 원이 있다고 해봅시다. 1200만 원으로 예금을 들 때의 이자와 매월 100만 원씩 총 1200만 원(1년)의 상품을 가입할 때의 이자, 어느 쪽이 많을까요? (1초 안에 대답해야 합니다.)

정답은? 예금입니다!

적금보다 적혀 있는 금리가 낮아도 받는 이자금액은 예금이 높습니다. 예금 이자는 21만 6000원이지만, 적금 이자는 13만 원밖에 안 됩니다. 1200만 원에 이자율이 2.0%면 24만 원인데 왜 13만 원이 이자라고 할까요?

앞에서 말했던 '연 이자율'이라는 개념 때문입니다. 은행에서 말하는 이자율은 1년을 맡길 경우의 이자입니다. 이걸 적금에 적용해 보겠습니다.

○ 첫 달에 입금한 100만 원 : 앞으로 12개월간 은행에서 활용 → 1년 이자를 다 줍니다.

○ 두 번째 달에 100만 원 : 12개월 동안 은행에 있을까요? 아뇨, 11개월입니다 → 11개월 치만 줘요.

○ 막달에 100만 원 : 1개월만 은행에 있습니다 → 그럼 1개월 치 이자만 주겠죠.

이해되죠? 매달 입금한 돈을 기준으로 계산해보면 이렇게 됩니다.

- 1회차 입금 100만 원 × 2.0% × (12/12) = 20,000원
- 2회차 입금 100만 원 × 2.0% × (11/12) = 18,333원
- 3회차 입금 100만 원 × 2.0% × (10/12) = 16,667원
- 4회차 입금 100만 원 × 2.0% × (9/12) = 15,000원
- 5회차 입금 100만 원 × 2.0% × (8/12) = 13,333원
- 6회차 입금 100만 원 × 2.0% × (7/12) = 11,667원
- 7회차 입금 100만 원 × 2.0% × (6/12) = 10,000원
- 8회차 입금 100만 원 × 2.0% × (5/12) = 8,333원
- 9회차 입금 100만 원 × 2.0% × (4/12) = 6,667원
- 10회차 입금 100만 원 × 2.0% × (3/12) = 5,000원
- 11회차 입금 100만 원 × 2.0% × (2/12) = 3,333원
- 12회차 입금 100만 원 × 2.0% × (1/12) = 1,667원

12개월간 매달의 이자를 다 더하면 13만 원이 나와요. 계산하기 번거로우면 표기된 이자율의 절반 정도 받는다고 생각하면 대략 맞습니다. 물론 세전입니다. 정부가 세금을 떼갈 거예요.

24만 원인 줄 알았던 이자가 13만 원이라니, 은행이 사기 치는 걸까요? 전혀 아닙니다. 이걸 엄청난 비리인 것처럼 써놓은 기사들도 있는데, 은행은 거짓말한 게 없어요. 속은 사람이 무식한 거고, 속인

기자는 사악한 거예요.

그럼 왜 적금에 가입할까요? 이자도 코딱지보다 적은 미세먼지 수준인데요. 적금은 이자를 받으려고 하는 게 아닙니다. 요즘의 적금은 소비를 줄이기 위한 강제저축 수단이에요. 당신이 돈을 쓰지 못하도록 하는 장치! 이렇게 생각해야 미세먼지만 한 이자에 마음 상하지 않습니다.

Tutorial

○ 적금 이자 계산법(1년 기준)

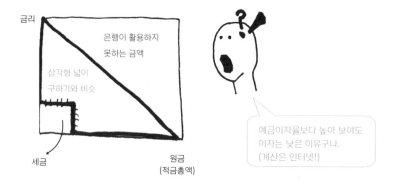

○ 세전이자 = 원금 × 금리 × 1/2(대략임)

○ 세금 = 이자 × 15.4%(보통의 경우)

○ 세후이자 = 세전이자 - 세금(실제 이자)

그럼에도 적금 들어야 하는 이유

다음은 '적금 풍차 돌리기'라는 개념을 설명해볼까 합니다. 개인적으로는 '글쎄?' 싶은 방법인데, 남들이 하도 강조하니 알고는 있어야 할 것 같네요. 실제로 하고 싶은 말은 '예금과 적금이 왜 필요한지'입니다.

적금 풍차 돌리기

적금을 유지할 때 가장 큰 어려움은 일정 기간 동안 (보통 1년이죠) 돈이 묶인다는 겁니다. 지루하기도 하고, 갑자기 쓸 일이 생기면 깰 수밖에 없죠. 적금을 깨면 쥐꼬리만 한 이자마저 날아갑니다.

이 두 가지를 해결하는 방법으로 알려진 것이 이른바 '적금 풍차 돌리기'입니다. 비상금 만드는 방법으로 병행해도 됩니다.

방법은 매달 통장을 하나씩 늘리는 겁니다. 당연히 적금 금액도 그에 맞춰 매달 늘어나겠죠.

첫 달에 10만 원짜리 적금통장을 하나 만듭니다.

두 번째 달에 적금통장을 또 만들어요. (총 20만 원 들어가겠네요.)

이런 식으로 매월 계속하면, 열두 번째 달에는 12개의 통장이 생깁니다. (120만 원 적금이 들어갈 거고요..)

그럼 열세 번째 달에는 통장이 13개일까요? 아뇨. 이때부터 놀라운 일이 생깁니다. 첫 달에 부은 적금이 만기가 되거든요. 새로 통장을 만들어도 만기 적금을 해지하면 손에 있는 통장은 여전히 12개입니다. 만기된 통장은 원금 120만 원에 쥐꼬리만큼 이자가 붙어서 돌아오고요. 그만큼 당신의 자산이 늘어난 겁니다. 13개월째부터 24개월까지 매달 '120만 원+이자'가 당신에게 생기는 겁니다.

이때 당신이 할 일은 적금통장을 하던 대로 매달 하나씩 만들고 (총 12개를 유지), 적금 만기로 받은 돈을 예금으로 돌리거나 다른 곳에 투자하는 겁니다. 이해되시죠? 매달 통장 만든다, 풍차가 돌아가듯이 계속 적금 통장이 돈다, 원금과 이자가 생기면 쓰지 않고 또 예금으로 돌린다!

남들이 말하는 적금 풍차 돌리기의 가장 큰 장점은 '강제저축'이 가능하다는 겁니다. 1년 뒤부터 당신은 매월 목돈을 챙기게 됩니다. 뭔가 뿌듯하겠죠?

둘째로는 갑자기 일이 터졌을 때(=돈 들어갈 일) 적금을 일부만 해지하면 됩니다. 50만 원이나 100만 원짜리 적금통장 하나만 들었다면 이걸 다 깨야 하는데 그럴 필요가 없다는 거죠.

셋째로는 복리 효과를 누릴 수 있다는 겁니다. 1년 만기가 끝나면 원금과 이자를 받는데, '원금과 이자'를 모두 재투자하면 이자에 이자가 붙으니 복리 효과가 발생합니다. 이해되죠…? 앞에서 복리상품은 거의 없다고 했는데, 은행에서 해주지 않는 복리 효과를 스스로의 노력으로 누리는 겁니다.

하지만 저는 장점보다는 단점이 더 신경 쓰입니다. 첫째로는 이렇게 귀찮은 일을 매달 해야 합니다. 강제저축은 필요하지만, 그걸 매달 해야 한다? 과연 될까요? 습관이 안 잡힌 사람에게는 매월 통장 만드는 것도 쉬운 일이 아닙니다. 그래도 뭐, 매달 하기 어려우면 3개월에 한 번이라도 하면 되니까, 굳이 트집 잡을 건 아닌 것 같기도 하네요.

둘째로는 한 달에 무려 120만 원을 넣게 된다는 것! 이것도 금액을 줄이면 되긴 합니다. 그보다는 매달 저금을 늘려가야 한다는 것 자체가 매우매우 어려운 일이죠.

셋째로 장점이라고 했던 복리 효과가 사실 미미합니다. 우리나라 금리가 코딱지만 하거든요. 코딱지에 코딱지만큼 붙어봐야 조금 큰 코딱지일 뿐이에요. '티끌 모아 태산'이란 속담도 있지만, 참 눈물 나는 일 아닌가요. 이렇게 열심히 한 것에 비해 모이는 돈이 적다고

푼념하기 쉽습니다.

이러다 보니 풍차 돌리기 변종도 생겨났습니다. 매달 120만 원을 저금하는 건데요. 첫 달에는 10만 원은 적금, 나머지 110만 원은 예금으로 넣습니다. 두 번째 달은? 20만 원 적금, 100만 원은 예금. 그 결과 13개월째는 당신에게 무려 적금 120만 원과 예금 110만 원이 돌아오게 됩니다. 이건 할 만할까요? 한 달에 120만 원 저금할 수 있으면 한번 해보세요. 전 모르겠네요.

개중에는 '선납일수'와 '이연일수'를 따져서 실제로는 적금을 하지만 효과는 예금처럼 누리는 '진짜 풍차 돌리기' 방식도 있다는데, 미안하지만 제 머리로는 이해가 안 되니 묻지 마세요. 혹시 궁금하면 책 사서 보세요. 단, 지금 당장 주문하지 말고 꼭 서점에 가서 먼저 읽어보고 이해가 되면 그때 사세요!

결론적으로, 적금 풍차 돌리기를 해야 하냐고요? 당신에게 맞으면 해야죠. 안 할 이유는 없습니다. 하지만 꼭 해야 하냐고 물으면 추천까지 하고 싶지는 않습니다.

적금으로 성공 경험 만들기

사회초년생에게 필요한 것은 '남들이 하니까 해야 해'가 아니라 '이런 방식이 있는데 그중 가장 잘 맞는 게 뭔지'를 찾는 겁니다. 예금과 적금은 투자에 쓸 '종잣돈'을 모으는 가장 일반적이고 기초적인 방법이기 때문에 소개하는 것이고요. 투자를 하려면 종잣돈이 커야 해요. 부동산 사려면 엄청나게 큰돈이 필요합니다. 주식투자나 펀드에서 짭짤한 수익률을 올렸다고 해도 원금이 작으면 수익'률'만 좋아요. 사회초년생이 목돈을 만들 유일한 방법은 '저금'입니다. 몰랐던 먼 친척이 상속으로 거액의 재산을 남겨주는 기적은 드라마에만 있어요. 당신과 내게는 없어요.

투자 말고 다른 이유도 있습니다. 잠시 직장을 쉬어야 할 때, 모아둔 돈은 버팀목이 됩니다. 장사를 하려고 해도 돈은 필요하고요. 부모님이 돈 주지 않는 사람들은 자기가 모아야 합니다. 자본주의 사회에서 당신의 인생을 지켜줄 돈은 '당신이 모은 돈'입니다. (좋은 나라라면 사회보장 제도가 있겠네요.) 그래서 목돈을 모으는 것은 필요가 아니라 필수예요.

사회초년생에게는 예금보다 적금이 더 중요합니다. '습관'을 잡기 위해서라도 적금은 필수예요. 적금을 시작하라고 하면 무슨 생각부터 할지 압니다. 어렵죠. 1년 동안 적금을 유지하는 것은 쉽지 않아요. 돈 쓸 일은 왜 자꾸 생기는지… 그래서 일이 생기면 눈 딱 감고 적금을 깹니다. 어릴 적에도 많이 해봤잖아요. 돼지저금통 배를 가르는 것.

습관이 안 잡혀 있으면 한 달에 1000만 원을 써도 모자랄 겁니다. 로또 1등 된 사람들 중 많은 이들이 불행해진 이유도 습관 때문이라고 생각합니다. 연봉이 올라서 수익이 늘어도 습관이 잡히지 않으면 당신에겐 늘 모이는 돈이 없을 겁니다. 항상 부족해서 허덕이게 될 거예요.

적금, 그러니 하세요. 목돈도 모이고 스스로 절제하면서 만족하는 삶도 배우게 됩니다.

이자율 차이가 있으니까 더 높아질 때까지 기다리겠다고요? 옛날 말로 '도토리 키 재기'라고 하잖아요. 도토리가 커봐야 밤보다 작아요. 그냥 하세요. 안 하는 것보다 낫습니다. 목돈 만드는 습관이 잡힐 때까지는 따지지 말고 우선 하세요.

요즘 카카오뱅크에는 '26주 적금'('자유적립적금'이란 상품에 들어 있는 옵션입니다)도 있습니다. 이 상품 만든 사람 칭찬하고 싶습니다. 1년을 지루해하는 당신 같은 사람들의 마음을 콕 잡아냈습니다. 이 상품은 26주(6개월)만 참으면 되거든요. 이 상품은 또 '적금=월 납입'이라는 고정관념을 깼습니다. 매주 적금을 해요. 또 하나, '적금=적어도 몇 만 원'이라는 고정관념도 깼어요. 1000원 단위입니다. 적금 풍차 돌리기와 비슷한 장치도 있어요. 자기가 넣기로 한 금액 단위로 매주 늘어나요. 1000원으로 시작하면 2주차에는 2000원이 들어가고 3주차에는 3000원… 마지막 주차는 2만 6000원이 입금됩니다. 단위가 적으니 금액 부담이 크지 않습니다. 카카오뱅크의 자유적립식 적금상품도 괜찮습니다. 자기에게 편하게 상품을 정할 수있어요. 매주, 매일 하는 적금도 있고 기간도 꽤나 자유롭게 설정할 수 있습니다. 그러니 하세요!

무엇보다 이 상품의 가장 큰 미덕은 '성공경험'을 쌓게 해준다는 데 있습니다. 우리에게는 '나도 할 수 있다'는 성공경험이 필요해요. 푼돈이라도 모을 수 있다는 경험을 해봐야 습관이 잡힙니다.

펀드도 있는데 왜 적금이냐고 묻는다면 '원금 손실 가능성' 때문이라고 답하고 싶어요. 펀드가 적금 이자보다 훨씬 많은 수익을 내는 건 사실입니다. 하지만 펀드는 원금이 줄어들 위험이 있어요. 열심히 노력했는데 성과가 오히려 마이너스면 자괴감 듭니다. 맘 잡고 밤새워 공부했는데 시험 어렵게 나와서 망한 것과 비슷합니다. 사회초년생이라면 일단 무식하게 적금으로 시작하면 좋겠습니다. 성공경험이 쌓이고 목돈이 생겨서 여유가 되면 펀드 하세요. 펀드 역시 좋은 상품입니다. 하지만 펀드만 하는 것은 추천하지 않습니다. 적어도 사회초년생이라면요.

요즘 나오는 P2P 상품은 어떨까요? 적금부터 성공하고 나면 그다음에 고민하세요. 지금은 자꾸 수익률 쫓을 때가 아니라니까요! '목돈 만드는 습관'과 '성공경험'을 먼저 익히세요. 기초를 닦고 나면 나머지는 쉽게 배울 수 있지만, 기초 없이 팁만 익히면 나만의 요리 못 만듭니다. 우리 일단 라면부터 끓여봐요, 제발!

이자율 높은 예적금 상품 고르기

'금융상품 한눈에'(finlife.fss.or.kr) 사이트에 들어가 보면 어느 예금과 적금의 금리가 가장 높은지 알려줍니다. 보험이나 연금 관련 내용도 나오고요. 이곳에서 이자율 높은 예적금 상품 고르는 법을 알아보겠습니다. 메인화면을 보면 3가지 메뉴가 나와요.

'부자 되세요!'는 '돈 맡기는 상품'을 소개합니다. 예금, 적금, 펀드, 절세 금융상품 등. '절세'라는 단어는 알아두세요. 한마디로 '세금을 줄인다'는 뜻입니다. 당신이 돈을 많이 벌수록 수익률 못지않게 챙겨야 하는 것이 바로 절세입니다. 사회초년생은 몰라도 되지만 어느 정도 투자하는 단계가 되면 세금이 아주 중요해집니다. 절세는 세금을 불법적으로 안 내는 '탈세'와는 달라요. 절세는 합법, 탈세는 불법!

'필요하세요?' 메뉴는 '돈 빌리는 상품'을 뜻합니다. 이에 대해서는 3부에서 설명하겠습니다. 그리고 '준비하세요!'는 대부분 '구매해야 하는 상품'에 대한 설명입니다. 실손의료보험(실비보험) 많이 들어봤죠? 자동차 보험도 그렇고. 읽어보면 다 도움이 됩니다. 사회초년생이 읽기에는 만만치 않겠지만요.

우리는 예적금 상품을 보고 있으니 '부자 되세요!' 중 정기예금 항목으로 들어가 보겠습니다.

저축금액은 1000만 원, 예금기간은 12개월(1년)로 설정되어 있지만 원하면 바꾸면 됩니다. 다른 건 앞에서 다 설명했으니 아실 겁니다, 하나만 빼고요. 바로 '금융권역'입니다. '은행'과 '저축은행'으로 나뉘어 있어요.

간단히 설명하자면 '은행'은 당신이 알고 있는 은행입니다. '저축은행'은 이른바 제2금융권에 속하는 은행이고요. 금융 관련 사건사고 기사에서 주로 거론되는 곳들이죠. 그럼 저축은행은 피해야 하냐고요? 아뇨. 사회초년생 중 저축은행의 부실로 손해 볼 만큼 자산을 가진 사람은 많지 않을 거예요.

이것만 기억해두면 안전합니다. 저축은행에 저금할 때에는 원금과 이자를 포함해 5000만 원이 넘지 않을 만큼만 맡긴다! 5000만 원까지는 예금자보호법으로 나라가 보장해줍니다. 단, '예금자 보호대상 상품'인지 확인하셔야 합니다. 후순위 채권 같은 것은 보호대상이 아니거든요. 좀 복잡하죠? 예금과 적금은 보호대상이니 저축은행에 마음 편히 가입하세요.

검색결과에서 예금상품을 찾은 다음 상세정보를 눌러봅니다. 가입방법과 해당 상품을 운용하고 있는 금융사 홈페이지, 연락처 등이 나오고 '우대조건'도 나와요. 다 챙겨봅시다. 그러고 나서 최종적으로 해당 은행 사이트에 가서 세부내용을 살펴봐야 합니다. 우대금리나 금리 적용방식이 은행마다 다를 수 있거든요. 가입하기 전에 반드시 꼼꼼히 따져보세요. 기사도 자주 읽으세요. '특판상품'이란 것이 가끔 나옵니다. 주로 선착순으로 판매하기 때문에 사이트에 뜨지 않는 경우도 많습니다. 그런 건 기사에서 확인하셔야 합니다. 경제기사 읽는 습관도 들여야겠네요!

적금상품도 살펴보는 방식은 비슷합니다. 차이점은 적립방식뿐이에요. '정액적립식'은 매달 똑같은 금액을 저금해야 하고, '자유적립식'은 매달 저금하는 금액이 달라도 됩니다. 어느 게 나을까요? 그때그때 형편이 달라질 수 있으니 '자유적립식'이 좋겠다고 생각할 수도 있겠죠? 아뇨, '정액적립식'으로 하세요. 지금껏 내내 해온 얘기가 '돈을 최대한 변동 없이 모아보자'였지, 상황을 보면서 생각하자는 게 아니잖아요. 정 마음이 찜찜하면 적립액을 나누세요. 더 큰 금액은 '정액적립식'으로 하고 적은 금액은 '자유적립식'으로 하는 겁니다. 1년 후에 비교해보면 자유적립식을 매달 꼬박꼬박 입금한 사람은 별로 없을 겁니다. 사람이 그래요. 돈이 보이면 나에게 쓰고 싶어지거든요. 그러니 최대한 정액적립! 정말 수입이 들쭉날쭉인 경우에만 자유적립식으로 하세요. 자유적립식은 소비통장에서 돈을 아꼈을 때 저금하기 적합한 상품으로 고르세요.

그리고 결론은!

가입하세요! 미루거나 고민하지 말고! (쇼핑할 때는 결단력 있으면서 꼭 이럴 때만 고민하더라….)

*

예금과 적금으로 정말 큰돈을 모을 수 있냐고 물으면 '원금'에 달려 있다고 말할 수밖에 없습니다. 그게 현실이에요. 이자로는 큰돈 모으기 어려워요.

그럼에도 사회생활 시작하는 월급쟁이들에게는 아껴서 돈 모으는 것 말고는 방법이 없어요. 그러니 일단 모으세요. 1000만 원까지 모으세요. 그런 다음에 이야기합시다.

다 모았다고요? 그럼 다음 단계로 가야죠. 다음 단계가 뭐냐고요? '투자'입니다. 다시 말하지만 '내 말만 들으면 수익률 대박'이라는 얘기는 기대하지 마세요. 알면 저도 회사 그만두고 돈 벌고 있겠죠. 저금처럼 일반적인 얘기만 할 겁니다. 기초가 중요하니까요.

Tutorial

○   지금까지의 요약

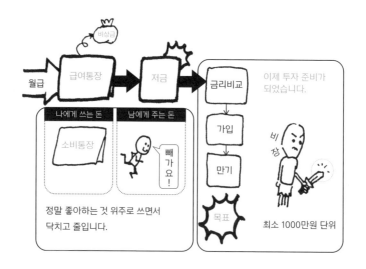

수익률(%)에 혹하지 말라

퍼센트(%)라는 개념이 있습니다. 학술적으로는 뭐라고 설명할지 모르겠지만, 우리는 수도 없이 이걸 사용하고 있죠. 잘 알다시피 백분율이에요. 100원 중 1원을 썼다면 1%를 쓴 겁니다. 1%는 높은 것일까요, 낮은 것일까요? 알 수 없어요. 기준이 뭔지 모르기 때문입니다.

자살률

만약 자살률이라고 하면 1%는 엄청나게 높은 겁니다. 우리나라가 OECD 국가 중 10년 넘게 자살률 1등인데, 몇 퍼센트일 것 같나요? 10만 명당 27.3명이 자살한다고 합니다. 100명당 0.0273명이 자살한다는 뜻이군요. 백분율로 하면 0.0273%입니다.

이때 1%는 심각할 정도로 높은 숫자입니다.

할인율

반대로 블랙프라이데이에서 할인율이 1%라면 계산하나마나 '장난하냐?' 할 만큼 낮은 거죠. 평소 눈여겨보던 10만 원짜리 옷을 1% 할인받아 무려 9만 9000원에 살 수 있다는 뜻입니다.

이처럼 퍼센트 자체만 놓고 이것이 높네 낮네 하는 건 적절하지 않습니다. 그렇다면 우리가 말하고 있는 돈에서는 어떨까요?

재테크에서 중요한 건 본체(원금)의 크기!

이자율이 1%라고 해볼게요. 너무너무 낮죠? 1000만 원을 예금하면 10만 원을 준다는 겁니다.

그런데 만약 1조 원을 가지고 있다고 해보세요. 이 경우에 1%라면? (계산기가 필요하겠군요.) 100억 원입니다.

무슨 말을 하려는지 알겠죠? 대부분 수익률에 연연하지만 실제로는 원금의 크기가 훨씬 더 중요합니다. 이자율이 아무리 높아도 원금이 적으면 큰 의미가 없어요. 다른 말로 하면, 이자율이 아무리 낮아도 원금이 많으면 의미 있는 금액이 생깁니다. 그래서 목돈 모으라고 1부 내내 지겹도록 얘기한 거예요.

100원으로는 매년 50%의 수익률을 내고, 그 수익을 다시 원금에 투자한다 해도 10년 뒤에 (죄송… 엑셀 좀 띄우고…) 이자까지 합쳐 5766원이 남습니다. 하지만 100만 원이 있으면 매년 5%의 수익률에 이자는 원금에 투자하지 않는다 해도 10년 뒤면 150만 원을 갖게 돼요. 50%의 수익률로 어떤 사람은 5666원을 버는데 어떤 사람은 5%의 수익률로 50만 원을 버는 겁니다. 예시가 극단적이긴 한데, 어쨌든 한 가지만 기억하면 됩니다.

이자율이 낮더라도 원금이 크면 의미 있는 금액이 생긴다! 그러니 일단, 닥치고 모으자!

그럼에도 퍼센트는 유용합니다

네, 맞습니다. 그러니 친해지도록 하세요. 그럼 사회초년생인 당신에게 가장 중요한 퍼센트는 어떤 숫자일까요? 연봉인상률? 물가상승률? 흠, 틀린 말은 아닌데 이걸 원한 건 아니고요. 제가 원했던 답은 '금리'입니다. 이자율. 왜냐하면 결국 이자율과 수익률을 비교하면서 재테크 전략을 짜게 될 것이거든요. 그러니 앞으로는 뉴스 볼 때 '한국은행의 기준금리 발표'를 눈여겨보셔야 합니다. 한국은행의 기준금리 때문에 당신이 받는 이자와 당신이 내야 하는 대출이자가 계속 바뀔 테니까요. 물론 투자기준도 '은행 금리'보다는 높아야 합니다.

2부

돈 굴리는
원칙 세우기

4장

투자, 본격적
'내 탓'의 세계

저금만 하고 살면 안 될까?

재테크에 관심 갖게 된 사회초년생, 열심히 저금을 했습니다. 한 달에 무려 50만 원씩 적금을 부었죠. 그랬더니 1년 뒤에 600만 원이라는 돈과 코딱지만 한 이자를 받았네요? 코딱지만 한 이자에서 세금을 뜯긴 건 당연하고요.

만족스러운가요?

먹고 싶은 것 안 먹고, 사고 싶은 것 안 사고 악착같이 모았는데 가장 높은 정기적금 상품을 뒤져봐도 3.2%(2020년 3월 기준입니다)예요. (금융감독원에서 만든 '금융상품 한눈에' 사이트 알려줬죠? 가보면 다 나와요.) 1년 내내 모아도 이자가 세후 8만 7000원 남짓입니다.

이자만 보면 허무해요. 애인과 트렌디한 곳에 가서 맛있는 거 먹으며 와인 한잔 하기에도 부족해요. 좋은 가방? 못 삽니다. 헤어숍에서 유행하는 펌 하나 못하는 가격이에요.

그래서 사람들이 저금을 하다가도 투자에 눈을 돌리게 되나 봅니다. 투자는 수익률이 10%, 20%, 아니 2배, 3배도 난다고 하니까요.

그런데 투자에 대해 말하기 시작하면 이런 분들이 꼭 있습니다. '저금만 하면서 살아도 되지 않을까?' 하는 분들.

가능하지만 쉽지 않은 방법이에요. 현재와 부모님 세대가 가장 크게 달라진 점이 두 가지 있습니다. 첫째, 평생직장 개념이 없어졌어요(공무원 빼고). 정년퇴직 이전에 회사에서 나와야 할 가능성이 아주 높습니다. 둘째, 이자율이 무척 낮아졌습니다. 1980년대에는 정기예금 이자율이 10%가 넘었어요. 1000만 원 넣으면 1년 뒤 100만 원이 생겼다는 뜻이죠. 지금은 이런 상품 단연코 없습니다.

저금만 해도 먹고살 수는 있지만 직장에 최대한 오래 붙어 있어야 하고, 소비 수준을 낮추면서 돈을 계속 모아두어야 합니다. 게다가 의학발전과 생활환경 개선으로 아주 오래 살아요. 퇴직 후에 소득 없이 먹고살아야 하는 기간이 꽤 깁니다. 그럴수록 저금만으로 생활을 유지하기는 어려워지겠죠.

물가상승률이 문제

저금만으로 살기 어려운 이유가 또 있는데, 이건 얘기가 좀 어려워지겠네요. 뉴스에도 자주 나오는 '물가상승률.' 물가상승률이 얼마였다, 소비자 물가가 ○% 올랐다는 뉴스 많이 보셨죠? 단순히 물건 살 때 가격이 올라서 돈을 더 내야 한다고만 생각하면 안 됩니다.

물가는 물건 가격이 올랐다는 뜻인 동시에, '화폐 구매력이 떨어졌다'는 의미이기도 합니다. 어렸을 때 1만 원이 있으면 이것저것 살 수 있는 게 많았지만, 지금 1만 원은 그럭저럭 밥 한 끼 먹으면 없어지는 돈입니다. 똑같이 1만 원인데, 그 돈으로 살 수 있는 힘(=구매력)이 약해졌다는 뜻이죠.

물가는 이자도 갉아먹습니다. 이자율에는 '명목이자율'과 '실질이자율' 개념이 있어요. 은행에서 알려주는 이자율은 '명목이자율'입니다. 금액으로 표시되는 이자율이라는 뜻이에요. '실질이자율'은 명목이자율에서 물가상승률을 뺀 겁니다.

예를 들어볼게요. 1000만 원이 있어요. 은행금리는 세전 3%라고 하겠습니다. 몇 단계에 걸쳐 변신할 테니 잘 따라오세요! 세금은 일단 없다고 하겠습니다.

- 이 돈을 정기예금에 넣으면 1년 뒤 당신 돈은 : 1030만 원 [원금 1000만 원 + 이자 30만 원(명목이자율 3%)]
- 물가상승률이 6%라면 실질이자율은 : -3% (이자율 3% - 물가상승률 6%)
- 이 돈을 정기예금에 넣으면 1년 뒤 통장에 찍히는 돈은 : 똑같이 1030만 원
- 하지만 실제 당신 돈의 가치는 : 999만 원! [1030만 원 + (1030만 원 × -3%)] → 물가상승률이 이자를 갉아먹었어요!

결론은 간단합니다. 돈 모으는 속도(이자율)보다 물가가 더 많이 오르면 아무리 열심히 모아도 당신의 돈은 조금씩 녹아서 없어진다는 뜻입니다.

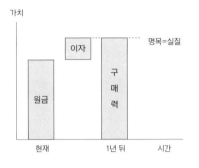

물가가 오르지 않으면
"이자만큼 부자"

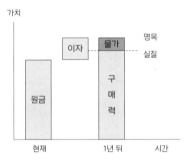

물가가 오르면
"실질이자율 감소"

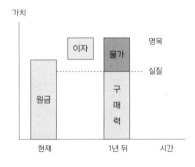

물가가 엄청 오르면
"저금해도 가난해진다"

그래서 싫어도 투자에 나서게 됩니다

물론 이 말이 저금만 하는 것은 바보 같은 짓이고 투자만이 살 길이라는 뜻은 아닙니다. 특히 투자상품을 판매하는 분들이 물가상승률 이야기를 하면서 겁을 많이 주는데요, 너무 무서워할 필요는 없습니다. 아무리 투자가 중요해도 사회초년생에게는 저금 습관이 더 중요합니다. 그리고 정부에서도 물가를 안정시키기 위해 노력하기 때문에 앞의 예처럼 저금해도 손해 보는 경우는 별로 없습니다. 예상보다 이자 가치가 더 낮아지는 것뿐이죠.

물가는 꾸준히 오르는데 금리가 지나치게 낮을 때에는 열심히 저금해도 이자율로는 원금을 유지하는 정도밖에 안 되니 투자가 필요하다는 원론만 알고 있으면 됩니다. 소극적인 투자 목표는 물가상승률을 뛰어넘는 수익이고(그래야 실질가치가 플러스로 바뀌니까), 적극적인 목표는 이자율보다 몇 배 높은 수익을 만들어내는 것이죠. 더 쉽게는 현재 은행 금리보다 높은 수익률을 목표로 세우기도 합니다. (그래서 이자율을 알고 계셔야 해요. 기준이 잡히니까요.)

투자는 젊을수록 유리합니다

왜냐고요? 아직 살날이 많이 있어서 투자에 실패해도 회복할 시간이 많기 때문입니다. 그러므로 사회초년생이라면 '언젠가 나도 투자할 것이다'라고 생각하면서 꾸준히 체력을 키우시기 바랍니다. 그래서 다시 강조하지만, 저금하세요. 기초체력은 섭취하는 음식(=

저축금액)에 비례합니다. 그래서 아끼라는 거예요.

돈을 모으는 것은 잘 쓰기 위해서라고 했잖아요. 돈을 잘 써야 하는 이유는 행복해지기 위해서입니다. 순간적 행복 말고 평생을 두고 행복한 것 말입니다. 이 글을 읽는 대부분은 그동안 부모님이 시키는 대로 공부해서 대학 가고 취업했을 겁니다. 사회초년생이 되어 돈을 벌 수 있다는 것은 경제적으로 독립할 준비가 되었다는 뜻입니다. 경제적으로 독립하기 위해서는 먼저 부모님과 세상의 시선에서 독립해야 해요. 그래야 내 행복을 만들 수 있습니다. (다큐멘터리로 시작한 글이 갑자기 권선징악형 전래동화로 끝나는 것 같아서 죄송합니다.)

하여튼 결론은 이겁니다.

저금으로 돈 잘 모았니? 그럼 이제 투자해야 돼! 투자를 알아보자!

Tutorial

○ 실질이자율은 물가상승률을 반영한 것이다.

○ 요즘 이자율이 워낙 낮아서 투자하지 않으면 실질이자율이 0 또는 마이너스 금리에 근접하게 된다.

○ 열심히 예금하고 적금해도 이자가 없거나 오히려 원금이 깎이는 결과가 나타난다.

○ (그럼 저금하지 않겠다고? 아놔… 깎아먹을 돈이라도 먼저 좀 모아놓고 그런 말을 하라고!)

투자할까, 저금할까? : 나의 투자유형 파악하기

투자와 저금의 차이가 뭐라고 생각하세요? 여러 가지 어려운 이야기를 할 수도 있겠지만, 사회초년생에게 필요한 개념은 딱 하나입니다.

○ 저금은 원금이 보장되고, (물가상승률은 일단 생각하지 않고) 이자가 조금이나마 생긴다.
○ 투자는 원금 보장이 안 되는 대신 수익이 저금보다 훨씬 클 가능성이 있다.

물론 예금 금리가 마이너스가 되는 경우도 있지만 우리나라는 아직 아닙니다. (일부 나라에서는 발생하고 있습니다.) 그러니 일단 '저금은 무조건 플러스, 투자는 플러스 또는 마이너스'라는 것만 기억해두고 투자의 세계로 들어가면 됩니다. 은행이나 증권사에서 펀드나 보험, 채권 같은 수익형 상품을 가입하고 나서 저금이라고 착각하면 곤란해요!

이 차이를 알았다면, 그다음으로 알아야 할 것은 '성향'입니다. 어느 누구도 아닌 자신의 성향! 그걸 알아야 투자를 지속할 수 있습니다.

투자자의 성향에는 두 가지가 있습니다. 수익(return)을 극대화하려는 경우와 위험도(risk)를 줄이려 하는 경우. 따지고 보면 같은 얘기예요. 위험이 낮을수록 기대하는 수익도 낮아지고, 위험이 높을수록 기대할 수 있는 수익도 높아지는 게 일반적이니까. 자신이 어느 쪽을 더 중요하게 생각하는지 잘 생각해봐야 합니다. 가장 쉬운 기준을 소개하면 이겁니다.

"돈이 1000만 원 있어요. 얼마까지 잃어도 (일부 타격은 받겠지만) 평상시 생활을 유지할 수 있나요?"

첫 번째 유형 : 죽어도 손해는 못 보겠다면

당신의 선택은 아주 간단합니다. 더 아끼고 더 많이 저금하면 돼요.

바보 같아요? 아뇨. 이 선택의 최대 장점은 속상하거나 정신적으로 피폐해질 염려가 없다는 겁니다. 사라져버린 내 돈 생각이 머릿속에서 지워지지 않고 밥맛도 잃고 멍한 상태가 될 위험이 없어요. 얼마의 수익이 생겼는지 혹은 날렸는지 체크하고 검토하는 데 들일

시간을 온전히 다른 것에 투자할 수 있고요. 시간 역시 투자입니다. '시간은 돈'이라는 것, 빈 말 아니에요.

당신이 착실하게(누가 보면 미련한 곰같이) 돈을 불리면서 회사일에 집중하다 보면 다른 기회도 생겨납니다. 회사에서 성과를 낼 가능성이 높아지고, 그럼 자연스럽게 연봉이 오를 가능성도 커지겠죠. 남들이 수익성에 목을 맬 때 연봉이라는 수입원의 크기를 늘리는 겁니다. 회사가 마음에 안 들면 다른 일을 찾는 데 그 시간을 투자할 수도 있고요.

이 방식의 장점은 '수익'에 집중하는 것이 아니라 모으는 돈(=종잣돈)을 늘리고, 동시에 월급쟁이의 기본 수입원인 '월급'을 높일 수 있다는 겁니다. 그러니 당신이 이런 유형이라면, 할 일은 아주 간단하고 명확해요.

지금 받는 월급에서 저축을 늘리도록 지출을 더 줄일 방법을 찾으세요. 그리고 약 3년 정도를 기준으로 좀 버겁다 싶은 목표금액을 세워서 모으는 겁니다. 이게 핵심입니다. '좀 버겁다 싶게' 모으는 것. 3년이 길어요? 그럼 2년. 의지박약이라고요? 그럼 좀 아쉽지만 1년이라도 해봐요. 시원하게 절반 깎아서 6개월만 해보자고요? 그냥 하지 마요.

목표금액을 세웠다면 다음 3가지 경우에 해당하지 않는 이상 재테크 공부는 잠시 덮어두고 미련하게 열심히 모으세요.

○ 목표금액을 달성한 경우

○ 생활패턴이 상당히 변화되는 경우 (예를 들면, 결혼 계획이 잡히거나 잡힐 것 같은 경우)

○ 주위 사람들이 재테크로 돈 버는 걸 보니 스스로 '미련곰탱이'같이 느껴져서 잠이 오지 않는 경우

이렇게 사는 사람 생각보다 많아요. 제 주변에도 중년이 되도록 청약통장이 뭔지도 모르는 사람이 있어요. 오로지 적금과 예금만 했다더라고요. 그렇다고 짠돌이같이 살까요? 아뇨, 취미생활도 하고 가끔 친구들과 맛있는 음식에 술도 즐깁니다. 회사에서도 인정받고, 아파트도 있어. 아… 결혼은 안 했어요… 그리고 차가 없긴 해요. 그래도 이 사람 행복하게 살고 있습니다. 재테크하는 이유가 뭐라고 했죠? 돈을 잘 쓰려고 하는 거예요. 행복하려고. 장기적으로 행복하게 살 수 있으면 되는 거죠. 재벌이 목표가 아니잖아요.

사회초년생으로 결혼 전이라면 이 방식만으로도 충분하다고 봐요. 투자라는 것을 본격적으로 하기 전에 자신의 소비생활을 잘 다듬어서 종잣돈 만드는 과정이 몸에 배도록 하는 편이 주식투자로 1년에 500만 원 버는 것보다 더 나아요. 재테크는 장기전이고, 습관이 잘 잡히면 당장 손해 보는 것 같아도 이후에 충분히 따라잡을 수 있거든요. 그리고 결혼하게 되면 '투자'에 더 밝은 사람이 투자에 집중하는 협업도 가능해집니다.

두 번째 유형 : 어느 정도까지 손해를 감수할 수 있다면

좋아요. 이제 펀드나 주식 쪽에 들어갈 준비가 된 겁니다. 적절한 비율로 금액을 쪼개서 저금과 투자 비율을 맞추면 돼요. 배분 비율은 스스로 정해야 합니다. 절반은 까먹어도 된다 싶으면 절반까지 투자하는 겁니다. 딱 그 숫자만큼만 기준을 세워서 하세요. 투자기준을 세운 다음에는 그 기준을 잘 지켜야 합니다. 내가 세운 손해비율이 20%라면 그 시점이 되는 순간 손 털고 나와야 해요.

사회초년생의 재테크는 자신에게 맞는 방법을 찾아가는 과정이에요. 그러니 목숨 걸지 말고 좀 느긋해질 필요가 있습니다. 안 그러면 본업(회사일)이 훼손됩니다. 일이 눈에 안 들어오고 갑자기 화도 나고, 시도때도 없이 수익률을 체크하게 돼요. 이렇게 되는 건 피해야죠. 피 같은 돈을 손해 봤으니 일시적으로 충격은 받겠지만 빨리 잊고 기준을 지켜야 합니다.

수익을 냈을 때도 비슷합니다. 목표수익률에 도달하면 일단은 팔고 나오세요. 저를 비롯해서 많은 사람들이 착각하는 게 있는데, 수익이 발생하면 돈을 찾지 않았음에도 수중에 돈이 있다고 생각하는 겁니다. 그래서 본인에게 막 선물을 주기 시작해요. 쇼핑하고 소비를 늘립니다. 하지만 계좌의 수익은 실제로 현금화하기 전까지는 당신 돈이 아니에요.

이런 유형이라면 기억하세요. 투자에서 중요한 포인트는 '장기'입니다. 1년이 아니라 3년은 봐야 해요. 수익률은 한 달에 한 번 정도만 체크하면 됩니다. 이 기준에 맞는 상품을 고르세요. 수익의 변동폭이 크지 않은 것. 테마나 단타 중심이 아닌 것들로 실행하고 자신에게 맞게 조절하고 또 실행하면 됩니다.

세 번째 유형 : 100%는 물론 빚까지 낼 준비가 되었다면

어이쿠, 당신은 하산할 준비가 되었군요. 다른 글을 읽거나 독학하면서 방향을 잡으세요. 제가 해줄 말은 없습니다. 이런 유형은 "네게만 알려주는 건데…"라는 말을 듣고 신생 코스닥 상장업체에 몰빵하거나 "비밀리에 진행되는 개발 프로젝트인데…"라는 말을 듣고 그 지역 주택이나 땅을 최대한 대출받아서 살 수도 있고, 주식정보를 실시간 받아보면서 초단타로 사고팔 수도 있고, 경매 정보를 파악해 연차 내고 물건 보러 다닐 수도 있어요. 성공 가능성? 0%는 아니겠지만 높지 않을 겁니다. 특히 사회초년생은 슈퍼 천재나 초대박 운이 좋지 않은 이상 성공 가능성은 매우 낮을 겁니다. 물론 그으으으윽소수 성공하는 사람도 있을 테죠. 자신 있다는데 제가 뭘 더 알려주겠어요. 그러니 하산!

투자는 게임과 비슷합니다. 이기려면 장비도 계속 업데이트해야 하고, 좋은 파트너도 만나야 하고, 운도 따라야 하고, 무엇보다 시간을 많이 투자해야 합니다. 차이점이라면 투자는 게임이 아니라는 것! 당신의 진짜 돈이 사라집니다. 인생은 실전이에요.

앞으로 설명할 '투자'는 튜토리얼(tutorial) 수준입니다. 게임 시작할 때 나오는 '조작법 설명' 아시죠? 그것 익혔다고 게임에서 승리할까요? 아닙니다. 하지만 조작법도 모르면서 게임을 할 수는 없잖아요. 그래서 설명하는 겁니다. 투기꾼과 투자자의 차이가 뭐라고 생각하세요? 애매한 기준이지만 '알고 하면 투자, 안다고 착각하고 하면 투기'예요.

Tutorial

○   나만의 습관과 방법 찾기

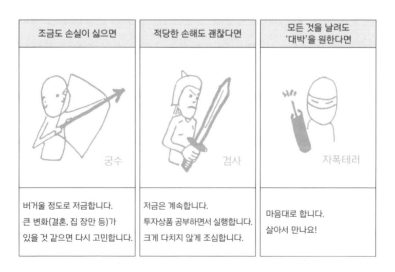

조금도 손실이 싫으면	적당한 손해도 괜찮다면	모든 것을 날려도 '대박'을 원한다면
궁수	검사	자폭테러
버거울 정도로 저금합니다. 큰 변화(결혼, 집 장만 등)가 있을 것 같으면 다시 고민합니다.	저금은 계속합니다. 투자상품 공부하면서 실행합니다. 크게 다치지 않게 조심합니다.	마음대로 합니다. 살아서 만나요!

투자의 길에 들어서기 전 알아야 할 5가지

투자하려면 원칙이란 것이 있어야겠죠. 개인마다 다를 수는 있지만 어쨌거나 원칙은 필요하고 지켜져야 합니다. 여기에서는 사회초년생에게 권하는 원칙을 말해볼게요. 제 말이 다 맞냐고요? 그럴 리가 있겠습니까? 참고만 하세요.

첫 번째, 당신이 결정한다

더 많이 알고 있는 사람들에게 도움 받는 것도 중요합니다. 당신을 아끼는 어른들의 이야기를 듣는 것도 좋아요. 하지만 어떤 경우에도 투자는 당신이 결정하는 겁니다. 누가 왼쪽이라고 말하면 팔랑~, 다음 날 다른 전문가가 오른쪽이라고 하면 또 팔랑~ 신문 읽고 팔랑팔랑, 카페 글 읽고 나서 팔팔랑. 다른 사람들 이야기 듣고 그대로 따라 한 다음에 망했다고 괜히 증권사나 은행 직원, 보험 설계사 분들 멱살 잡고 욕하지 마세요. (저한테도요! 아직 욕하는 분은 없었어요. 고마워요.)

두 번째, 단기로 판단하지 말라

단타로 돈을 벌려면 로또를 사거나 카지노에 가세요. (단타로 망할 수도 있겠죠.) 아직 결혼 안 했다면 재벌 자녀와 결혼해요. (가능하다면 했겠죠?) 그런데 현실은 드라마가 아니죠? 그런 기대 하지 마세요. 그리고, 평범한 사람이 재벌과 결혼하면 행복할까요? 아닐 거 같은데. (적당한 부자면 좋을 거라는 건 부인하지 못하겠군요.)

특히 사회초년생이라면 단기(1년 미만)는 추천하지 않습니다. 당신은 종잣돈이 별로 없는 반면 버틸 시간은 있습니다. 이 장점을 십분 활용하세요. 100년도 못 사는 인생에 시간이 어딨냐고 생각할 수도 있지만, 남은 인생을 개월 수로 보면 무지 길어요. 회사에서 일할 때 생각해보세요. 시계가 휙휙 돌아가나요? 퇴근시간이 될 때까지 인고의 세월을 보내잖아요. 재테크는 장기전입니다. 우왕좌왕해봐야 남는 건 없으니 꾸준하게 내 방법을 찾아서 해야 돼요. 장기전의 성패는 실수를 보완하고 누적된 힘을 이용하는 데 달려 있어요. 재테크도 똑같습니다.

세 번째, 여유자금으로!

먹고 죽을 돈도 없다고 말할 건가요? 진짜로 그런 분들에게는 죄송하지만, 안 그런 사람들이 이런 책 볼 여유라도 있는 거 아네요? 그러니 그런 얘기는 하지 마세요.

투자는 불리기 위한 것입니다. 탈탈 털어서 모든 것을 거는 게 아니에요. '몰빵'이나 '올인'이란 거 영화에서나 멋있지, 현실에서는 진상짓이에요. 영화 속 주인공은 훅 갈 때도 멋있지만, 내가 훅 갈 때는 아무도 멋있다고 손뼉 치거나 울어주지 않습니다.

그래서 종잣돈을 강조하는 거고, 사회초년생에게는 투자 못해도 저금 잘하면 된다고 말하는 겁니다. 반대로 말하는 사람들도 있더군요. 어느 책의 저자도 '젊을수록 저금보다 펀드 하라'고 하던데 전 동의하지 않습니다. 혼란스럽다고요? 누구 말이 맞는지 따지지 말고, 누구 말을 듣고 실행할지 결정하세요. 다시 첫 번째 원칙을 보시죠. '네가 결정해!'

네 번째, 움직여!

생각과 분석만 하지 말고 실행하라고요. 쫌 하라고요! 체크카드 만들었어요? 신용카드 못 버린다고요? 신용카드 써도 되는데, 체크카드랑 비교는 해봤어요? 현금흐름은 파악했고 저금은 시작했어요? 그런 것도 안 하면서 뭐하러 이 글 보고 메모하나요? 아무것도 안 해도 다른 사람의 글을 읽으면 마음에 위안이 되는 게 있긴 하죠. 뭔가 하고 있는 것 같고.

마음의 안정을 얻으려면 차라리 종교를 가지세요. 그게 훨씬 도움 되고 행복할 겁니다.

실행하라고 하면, 월급쟁이들 잘하는 게 있어요. '보고서'를 아주 멋지고 세련되게 만들죠. PPT로 기가 막히게 만들어요. 그거 만들고 나면 일 다 한 거 같죠? 아니에요. 직접 몸으로 하라고요! 쫌!

다섯 번째, 끊임없이 나에게 최적화

책 사 보는 거, 좋아요. 재테크 카페에 가입하는 것도 좋습니다. 증권사가 발행하는 동향 보고서나 리포트 읽는 것도 좋아요. 신문을 정독하고 스크랩하는 것도 좋고요. 다 좋습니다. 하지만 당신의 원칙과 방식은 당신이 찾으세요.

아주 쉬운 예를 들게요. 집을 사야 할까 말아야 할까? 이 질문에 정답이 있다고 생각하시나요? 그럼 당신은 '땡'입니다. 당신에게 집의 의미를 먼저 생각해보세요. 풍진 세상에 한 몸 누일 곳이 필요하다면 전세도 괜찮아요. 이사 다니는 게 너무너무 싫으면 사야겠죠. 만약 집이 투자상품으로 보이고 당신 성향에 맞으면 사도 괜찮겠죠. 그게 아니면 살 필요 없을 테고요. 기타 등등 판단기준은 많습니다.

집을 사기로 했으면, 어떤 집을 살까요? 역세권에 학군 좋은 곳? 이건 투자상품으로 생각할 때의 조건이에요. 혼자 살 거고 이동이 편한 곳을 찾는다면 학군을 무시하면 돼요. 숲을 거닐 때 행복하다면 역세권보다 조금 불편해도 시외로 빠지는 게 낫고요. 아파트? 단독? 빌라? 전원주택? 다 달라요.

그다음은? 집을 어떻게 살까요? 이것도 달라요. 빚을 내서 살지 (대부분 이 경우죠), 빚을 얼마나 낼지(이게 현실적 고민이겠네요).

원칙을 세웠으면 지키고, 실행해보면서 계속 수정하고 맞춰가세요. 한번 세웠으면 목에 칼이 들어와도 지켜야 한다고 생각하지는 말고요. 맞는 것은 지키고, 잘못된 것은 고치면 됩니다. 다만 당신 기준을 옆사람과 비교하며 스스로 비하하지는 마세요. 당신과 옆사람 인생이 같을 필요도 없고, 같아서도 안 되잖아요?

Tutorial

모든 투자의 결과는
당신에게 달렸다.
남 탓하지 말자!

읽어도 모르겠다, 그래도 읽어야 하는 이유

투자는 결국 미래 예측입니다. 미래 예측을 최대한 잘하기 위해 사용할 수 있는 가장 쉬운 자료는 바로 뉴스입니다. 많이 듣는 잔소리죠? 뉴스를 꾸준히 읽으면 미래를 정확하게 맞히지는 못해도 대략적인 흐름은 알게 됩니다. 그래서 뉴스를 챙겨 보라는 어디서 많이 들은 잔소리를 또 합니다. 뉴스는 내가 아니라 다른 사람들의 생각을 담은 것이어서, 주관적인 내 생각을 잘 벼릴 수 있는 도구로 유용합니다.

물론 뉴스 읽어도 헷갈려요. 잘못 예측하는 경우도 많죠. 무엇보다 하나마나한 얘기를 하는 것 같아 답답합니다. 예전에 본 어느 뉴스 제목은 "주식투자에 '좋은 종목'은 없다, '좋은 타이밍'이 있을 뿐"이었습니다. 생각해보면 맞는 말이고 다시 생각해보면 아무도 모르는 말이에요. '좋은 타이밍'을 누가 알까요? 펀드매니저들은 알까요? 몰라요. '오마하의 현인'이라는 워런 버핏은 알까요? 그 사람은 조금 아는 것 같긴

해요. 지구상의 몇 명은 다른 사람들보다 잘 아는 것 같지만 대부분은 모릅니다. 오직 신만 알겠죠.

미래를 알 수 없는 우리는 투자를 할 수 없는 걸까요? 아닙니다. 투자는 단순히 1(하느냐) 또는 0(하지 않느냐)의 게임이 아니에요. 예측을 잘할 수 있을 것 같으면 하고, 그렇지 않으면 안 하는 게 맞습니다.

뉴스가 실질적으로 도움 되는 경우도 많습니다. 은행에서는 일시적으로 고금리 상품을 파는 경우가 종종 있습니다. 특별히 판매하는 예금 상품이어서 '특판상품'이라 부릅니다. 이런 특판상품은 일반적인 금리 비교 사이트에도 잘 소개되지 않아요. 말 그대로 '특별히' 일시적으로 파는 경우이기 때문입니다. 하지만 뉴스에는 나옵니다. 사람들을 끌어들이기 위해 뉴스로 홍보하는 겁니다. 그러니 뉴스에서 '특판'이란 키워드 하나만 꾸준히 챙겨도 남들보다 적게는 0.×% 많게는 1% 이상 이자를 더 주는 상품에 가입할 수 있습니다.

당연한 얘기를 자꾸 하는 이유는, 재테크에 편법이나 비법이 있을 거라고 말하는 사람이 많아서 그래요. 세상이 그렇게 만만하지 않습니다. 일반인들에게 편법이나 비법은 보통 '불법'이나 '사기'일 가능성이 높습니다. 왜 투자금액도 적은데 이렇게 고생하면서 알아야 할까요? 그냥 창구에 물어보거나 친구에게 물어보고 느낌이 오는 대로 투자하면 되는 것 아닐까요? 그 말도 맞습니다. 이 세상에 마법은 없어요. 비법도 없고요. 당신이 최적화한 당신 삶의 방식이 있을 뿐입니다.

당신이 최적화할 때 '운'도 만나게 된다고 생각해요. 운은 자주 오지 않아요. 그러니 투자자의 할 일은 최대한 위험을 낮추고, 수익이 높을 만한 상품을 찾아서 공부하고, 확인하고, 결정해서 투자하는 겁니다. 준비가 되었다면 운을 만났을 때 행운이 될 테고 크게 성공할 수도 있을 겁니다. 하지만 내가 단단하지 않으면 운을 만나도 그 운에 휘둘릴 뿐입니다. 아무것도 모른 채 10% 수익 나는 것보다는 꼼꼼히 따지고 5% 손해 보는 것이 궁극적으로는 더 좋다고 생각해요. 그만큼 남은 인생 동안 지속적으로 수익이 날 가능성이 높아질 것이기 때문입니다.

5장
가장 손쉬운 투자방법, '펀드'

펀드, 쉽지 않지만 안 하려니 찜찜한

투자라 부르는 대표적인 상품은 크게 3가지로 주식, 펀드, 부동산입니다. (채권은 일단 패스.) 이 중 사회초년생 월급쟁이가 가장 쉽게 접근할 수 있는 것이 펀드일 겁니다. 그래서 지금부터 펀드에 대해 이야기해볼게요. 생각보다 펀드에 담겨 있는 내용은 꽤나 많습니다. 대략 알아보는 수준으로 설명해보겠습니다. '대략'이에요!

펀드 거래에는 여러 사람이 필요하다

일단 개념부터. 펀드는 많은 사람들(당신 및 당신 친구들)의 돈을 모아서 전문가가 대신 투자하고 수익을 나누는 겁니다.

- ○ 당신이 전문가에게 돈을 맡기며 "돈을 불려주세요"고 말하면
- ○ 전문가는 "네, 고객님. 수익 나면 돌려드릴게요"라고 하는 겁니다.

단, 전문가는 수익이 나면 다 돌려줄까요? 전문가도 열심히 일했으니 보수를 떼고 줍니다. 만약 손해를 보면요? 전문가에게 돈을 맡길 때에는 '믿고 맡기는 것'이므로 손해를 봐도 보수는 줘야 합니다. 일을 시켰으면 결과가 마음에 들지 않더라도 수고비를 줘야 하는 것과 같은 이치입니다.

펀드에 관련된 사람들은 아래 그림처럼 많습니다. 구조가 간단하지 않군요. 구조를 알아야 펀드의 수익은 어디서 나는지, 그리고 수수료나 보수는 뭔지, 세금은 내는지 안 내는지, 복잡한 펀드 이름은 어떻게 만들어지는지 알게 되니 아래 그림은 이해해두시는 게 좋습니다. 이런 그림 다른 책에는 안 나와요. 이 그림 하나 그리려고 얼마나 많은 책과 자료를 봤는지… 머리가 다 빠졌어요.

아무튼, 본격적으로 각 주체(player)들에 대한 설명 시작해보겠습니다.

'황금의 땅'에 가기 위해 '펀드'라는 차에 타려는 당신

투자자

착한 눈을 한 투자자 보이나요? 바로 당신이에요. 당신의 피가 스민 돈을 맡기는 중이군요. 펀드의 종류에서 다루겠지만, 돈을 주는 (투자하는) 방법은 크게 3가지입니다. 적립식, 거치식, 임의식.

판매사, 운영사, 수탁사 세트메뉴

이 사람들은 대부분 세트로 움직입니다. 각각의 역할이 있으니 세트로 묶였겠죠? 햄버거 세트메뉴처럼 말이죠. 이 3명은 일한 대가로 각각 '보수'를 받을 거예요.

'판매사'는 펀드를 판매하는 회사입니다. 펀드 가입은 어디서 할 수 있죠? 쉽게 생각하면 은행, 증권사, 보험사입니다. 이런 곳을 판매사라고 해요. 당신이 얼굴 보고 직접 이야기할 수 있는 유일한 대상이고요. 이들 말고 다른 사람들의 얼굴 볼 일은 없다고 보면 됩니다. (매우매우 큰 자산가가 되면 운용사를 볼 수는 있을 테지만, 우린 아니에요.) 은행이나 증권사에 가서 펀드 투자하러 왔다고 하면 누군가가 열심히 설명을 해줄 겁니다. 그 사람들이 판매사를 대표한다고 보면 돼요. 이 사람들은 '판매보수'를 받습니다. 누구에게? 당신에게!

'운용사'는 자산운용사라고도 하며, 실질적으로 펀드를 굴리는(운용하는) 사람들입니다. 응? 판매사와 운용사가 같은 데 아니냐고요? 저도 그렇게 생각한 적이 있는데 아니더라고요. 당신이 A라는 은행에서 펀드를 가입했다고 해서 A은행이 펀드를 굴리는 게 아닙니다.

그럼 누가 굴리냐고요? 운용사요. 그러니 당신이 기억할 것은? 실제 펀드는 운용사가 굴린다, 그리고 이 사람들은 '운용보수'를 받는다는 거죠. 누구에게? 당신에게!

'수탁사'는 말부터 어렵습니다. 자세히 알 필요는 없어요. 펀드는 자본 규모가 아주 커요. 그런데 그걸 운용사가 마음대로 굴린다면 문제가 되겠죠? 그래서 펀드에 돈이 들어오면 그 돈을 수탁사가 받아서 관리합니다. 이 역할로 '수탁보수'를 받아요. 물론, 당신에게!

실제 보수는 3가지 외에 더 있지만 몰라도 돼요. 아주아주 적은 금액이 빠져나갈 겁니다. 그러니 일단 무시!

정부

대한민국에서 살면 정부는 늘 만나게 됩니다. 특히 소득이 있고 돈이 흘러가는 곳에는 기가 막히게 정부가 나타나죠. 좋게 보면 관리하는 거고, 투자자 입장에서는 세금을 걷어가는 겁니다. 당연히 펀드에서도 소득이 발생하면 정부는 그에 대해 '세금'을 가져갑니다.

온통 돈 떼어가는 사람들뿐이네요. 세상에 공짜는 없으니까요. 당신 돈을 받아서 열심히 굴린 후에 당신에게 수익금을 다 줄 거라고 생각하진 않았겠죠? 이 사람들도 당신의 수익을 위해 열심히 일한 대가로 당신의 투자금에서 자기 몫을 챙겨가는 겁니다.

공짜는 없다 : 펀드 수수료

자, 이렇게 펀드에서 얻게 된 수익에서 수수료와 보수, 세금을 빼고 남은 것이 당신에게 돌아오는 실제 수익입니다.

수수료

수수료는 펀드에 돈이 들어가거나 나갈 때 한 번 뗍니다. 수수료 떼는 시점에 따라 '클래스'가 달라지는데, 펀드 이름에 들어간 영어를 보면 됩니다. 몇 가지만 살펴보면 다음과 같습니다.

○ A클래스 (선취수수료) : 펀드에 돈을 넣을 때 수수료를 뗍니다.
○ B클래스 (후취 수수료) : 펀드에서 돈을 찾을 때 수수료를 뗍니다.
○ C클래스 : 선취나 후취 수수료가 없습니다. (대신 보수가 비쌉니다.)
○ S클래스 : 온라인 전용펀드로 3년 이상 투자 시 수수료가 없습니다.

'수수료를 꼭 내야 할까?'라고 생각할 수도 있습니다. 실제로 수수료가 없는 펀드도 있고요. S클래스가 그렇죠. 어떤 '클래스'를 선택할지는 각자의 선택입니다. 쉬운 기준이요? 낮은 거요.

간혹 수수료 중에는 패널티를 무는 게 있습니다. 몇 달 만에 펀드를 해지하고 돈을 찾으면 아주 높은 비율의 환매수수료를 부과해요. 발생한 수익(원금 말고 당신이 번 수익)의 60~70%를 수수료로 가져갑니다. 이거 무서워서 펀드 하겠냐고요? 그래서 펀드 투자의 주요 원칙 중 하나가 장기 투자입니다. 1년도 짧고, 적어도 3년은 굴린다고 생각하세요. 3년을 굴리면 환매수수료는 크게 걱정하지 않아도 됩니다. (적립식 펀드는 좀 다르지만… 크게 신경 쓰지 않아도 됩니다.)

보수(fee)

앞에서 펀드를 굴리는 사람들은 세트메뉴처럼 움직인다고 했죠? 운용사, 수탁사, 판매사. 이 사람들이 가져가는 돈이 보수입니다.

여기서 우리가 알아야 중요한 점은, 수수료와 달리 보수는 펀드가 운용되는 내내 발생한다는 것!

보수는 보통 '0.××%' 하는 식으로 표시합니다. 총자산에서 표시된 보수 비율만큼 매년 가져간다는 뜻이에요. 매년 이만큼의 돈을 3개월에 한 번씩 나눠서 가져갑니다. 그냥 보수는 매년 없어지는 비용이라고 여기면 편해요. 아깝다고 생각하진 마시고요.

각각의 보수를 합한 비용을 '총보수'라고 합니다. 비용만 생각하면 총보수가 낮을수록 좋은 것 같지만, 저금처럼 그렇게 간단하지 않아요. A펀드는 총보수가 3%고 B펀드는 총보수가 1%라면 당연히 B펀드가 좋아 보이죠? 하지만 A펀드의 수익률이 20%고 B펀드는 10%라면 어떤가요? 2%를 더 내더라도 A펀드가 돈을 더 벌게 해줍니다. '수익이 많이 나는' 펀드가 좋은 펀드입니다.

어렵나요? 그럼 보수는 평균 정도면 된다고 생각하고 고르세요.

세금

펀드에서 수익이 나면 정부가 세금을 가져갑니다. 간혹 비과세 펀드도 있긴 한데 역시나 조건이 까다로워요. 정부는 그렇게 쉽게 세금을 포기하지 않습니다. 또한 비과세 펀드가 있다 해도 세금을 안 받을 뿐 보수와 수수료는 나갑니다. 판매수수료와 총보수를 합쳐서 대략 매년 2.5~3.5% 정도 뗀다고 생각하면 될 것 같아요. 대략적인 기준이고 다 다르니 정답이라고 생각하진 마시고요.

이쯤 되면 '이렇게 많이 떼는데도 수익이 남아?'라는 본질적인 의문이 들 겁니다. 네, 남아요. 남으니까 1만 개에 가까운 펀드가 팔리고 있겠죠. 물론 모든 펀드가 수익이 나는 것은 아니지만요.

재미없는 기초 설명이 너무 길었죠. 그래도 모르면 안 되는 것들이어서 설명했습니다. 펀드 상품설명서를 보면 저도 100% 이해 못하는데, 사회초년생인 당신에게 고르라고 하면 마치 한자를 모르면서 중국어 책 읽는 기분이 들 거예요. 그러면 판매하는 사람 이야기에 빠져들어 덜컥 결정하기 십상입니다. 판매사를 잘 만나면 다행이지만, 아무것도 모른 채 그냥 결정하긴 억울하잖아요?

Tutorial

○ 펀드에서는 수수료와 보수와 세금을 내야 한다.

세계는 넓고 펀드는 많다

펀드를 고르려고 보면 이름에서부터 질리게 됩니다. 이름이 긴데 무슨 뜻인지 몰라요. 이름에 펀드에 대한 내용이 요약돼 들어 있기 때문에 복잡한 겁니다. 여기에서는 기본적인 펀드 내용을 설명하겠습니다. 어떻게 분류하는지 알아야 내가 어떤 곳에 투자하는지 알 수 있겠죠. 그래도 모르는 거? 있습니다. 수익이 얼마 날지는 몰라요.

무엇에 투자하는가?

보통은 주식에 투자합니다. 60% 이상 주식에 투자하면 '주식형', 주식과 채권이 반반이면 '혼합형'입니다. 채권에만 투자하면 '채권형'이고요. 이 밖에 실물(실제 물건)에 투자하는 상품도 있습니다. 커피나 와인이나 명품이나 뭐 그런 거. 부동산에 투자하기도 하고요.

복잡하죠? 대부분의 펀드는 주식이 중심이고 더러 채권이 섞여 있다고 생각해두세요. 당신이 가장 쉽게 접할 펀드도 주식형 또는 주식혼합형(주식 비중이 50~59%)이 될 거고요. 특별한 이유 없으면 그냥 이 중에 고르세요.

주식형도 나뉩니다

주식도 분류가 다양해요. 앞으로 성장할 것 같은 기업의 주식에 주로 투자하면 '성장주' 펀드, 진흙 속 진주 같은 기업에 투자하면 '가치주' 펀드, 배당을 많이 주는 기업 위주면 '배당주' 펀드라 부릅니다. 회사 크기(시가총액 기준)에 따라 '대형주', '중소형주' 펀드로 나뉘기도 합니다. 펀드에 들어 있는 돈의 크기에 따라 초대형, 대형, 소형으로도 분류합니다.

사회초년생이라면 덩치 큰 펀드에 넣는 것을 추천합니다. '잘 모를 때는 대세에 따른다'는 삶의 지혜 때문이기도 하지만(같이 망하면 좀 덜 슬프잖아요), 그보다 아무래도 대형일수록 운용사의 대표상품일 가능성이 높고, 대표상품일수록 운용사가 신경을 많이 쓰기 때문입니다. 손해 볼 가능성도 낮아지겠죠.

돈 넣는 방식도 여러 가지

적금처럼 매달 일정액을 넣는 경우를 '적립식' 펀드, 예금처럼 목돈을 한 번에 집어넣는 방식을 '거치식'이라 합니다. '임의식'도 있는

데, 이건 말 그대로 넣고 싶을 때 자유롭게 금액을 넣는 겁니다. 사회초년생이라면 적립식 펀드에 일단 투자하세요. 이유는 뒤에서 자세히 설명하겠습니다.

Tutorial

○   대략적인 펀드의 종류

수익률 높은 펀드 고르는 법

펀드 하는 목적은 단순합니다. 돈 많이 벌고 싶어서죠. 돈 많이 번다는 것은 '수익률'이 높다는 것과 거의 같은 의미입니다.

그런데 펀드가 너무 많다 보니 어느 것이 좋은 펀드인지 잘 모르겠습니다. 오죽하면 펀드를 평가해주는 '평가사'가 있을 정도입니다. 평가에 사용되는 몇 가지 지표들을 알고 있으면 투자에 도움이 될 겁니다. 이 말이 곧 '수익을 보장한다'는 뜻은 아니지만요.

사회초년생이라면 은행이나 증권사에 가서 물어보고 가입하는 것을 추천합니다. 왜냐하면 잘 모르잖아요. 모를 때는 사람에게 배우는 게 가장 빠릅니다. 물어보면서 펀드에 대해 어느 정도 이해하는 것이 중요해요. 이해하지 못하면 다음번에도 모른 채 투자하게 됩니다. 복불복 게임하고 다를 게 없는 방법이죠. 당신의 돈을 걸고 하는 건데 복불복으로 하실 건가요?

그러니 시간 들여서 물어보세요. "펀드 가입하려고 왔는데요"라고 하면 친절하게 소개해줄 겁니다. 그중에 알아들을 수 있는 말은 한 절반 정도 될까요? 마치 영어 듣기평가하는 느낌일 겁니다. '대략 무슨 말인지는 알겠는데, 중요하다고 생각되는 단어 뜻을 모르겠다' 바로 이 상황. 그 상황을 조금이나마 벗어나보고자 준비한 내용입니다. 판매사를 만나기 전에 알아두면 좀 도움이 될까 싶은 것들을 골라봤습니다. 이 글에서는 맛보기만 배우고 실전에서 직접 부딪쳐보길 바랍니다. 자신 있으면 글만 읽고 직접 해도 되고요!

펀드슈퍼마켓에 가봅시다

펀드상품 보는 법을 익히기 위해, 온라인 전용펀드를 파는 '펀드슈퍼마켓'(fundsupermarket.co.kr, 2019년에 한국포스증권으로 바뀌면서 'FOSS'라고 나오지만 같은 곳입니다)에 들어가 봅시다. 알 수 없는 내용이 가득하군요. 분명 한국어인데, 온통 돈 벌게 해준다는 내용 같은데 무슨 말인지 모르겠어요. 자본주의 사회에서 살려면 이런 고비도 넘겨야 합니다.

우리가 할 일은 이곳에서 수익률 높은 펀드를 찾아내는 겁니다. 메인화면 '펀드상품' 메뉴의 '펀드 찾기' 아래에 '펀드랭킹'이 있습니다. 여기에 우리가 좋아할 만한 내용이 나옵니다. 수익률 높은 것, 판매액이 높은 것, 조회수가 많은 것 등. 그중 수익률이 가장 높다는 상품을 중심으로 살펴보겠습니다.

(출처 : 펀드슈퍼마켓. 2020년 3월 3일 기준. 이하 5장의 내용은 모두 펀드슈퍼마켓 상품 및 이미지를 예시로 설명했다.)

뭔지 잘 모르겠지만 빨간 숫자들이 우리를 유혹합니다. 맨위에 있는 것을 보니 우와아아아아아아아아아! 93.65%의 수익률! (3Y=3년)

100만 원을 투자했으면 194만 원. 1000만 원이면 1940만 원이 생겨요! 3년만, 3년만 참으면 됩니다. 내 전재산을 털어 넣어야겠어요! 아니지, 부모님에게도 좀 빌리고, 요즘 은행 대출 이자가 얼마죠? 1억을 모아서 넣으면 1억 9700만 원!

설마, 이렇게 쉬울 리가 있겠어요?

이 상품을 좀 더 면밀히 살펴봅시다. 다음 페이지 그림처럼 나눠서 볼 수 있어요.

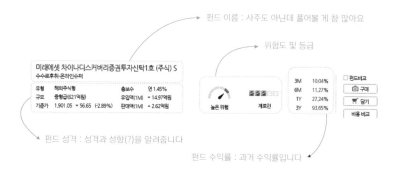

펀드 이름 : 사주도 아닌데 풀어볼 게 참 많아요

위험도 및 등급

펀드 성격 : 성격과 성향(?)을 알려줍니다

펀드 수익률 : 과거 수익률입니다

○ 펀드 이름 : 이름만 봐도 대충 어떤 가문(?) 출신인지 알게 됩니다.

○ 펀드 성격 : 펀드의 성격과 성향을 알 수 있죠

○ 위험도 및 등급 : 이 상품이 얼마나 위험한지 알려주는 지표입니다.

○ 수익률 : '과거' 3개월, 6개월, 1년, 3년간의 수익률입니다.

펀드 이름 풀이(사주보는 것도 아니고…)

미래에셋 : 자산운용사 이름입니다. 누가 실제로 돈을 굴리는지 알 수 있습니다. 어느 가게에서 신라면을 사든 신라면을 만든 회사는 한 곳인 것과 비슷합니다.

차이나 : 해외에 투자하는 펀드입니다. 중국이군요.

디스커버리 : 운용사의 특성을 드러내는 단어입니다. 미래에셋은

IMF 외환위기 이후 우리나라에 '펀드'라는 상품을 소개하면서 성장한 대표적인 기업입니다. 미래에셋의 상품에는 '디스커버리'라는 단어가 많이 들어갔어요. 이처럼 '타이거'라든지 '인사이트' 등 뭔가 그럴듯한 단어가 나오면 운용사를 드러내는 상징 같은 것이라 생각하시면 됩니다.

증권 : 주식에 투자한다는 뜻입니다. 주식 말고 또 있냐고요? 채권이 있습니다. 우리는 대부분 '주식형'을 만나게 될 겁니다.

투자신탁 : '펀드'의 우리말 표기입니다.

1호 : 이 시리즈 펀드 중 첫째라는 뜻이에요. 해당 펀드가 잘되면 1호와 비슷하게 2호 만들고, 3호도 만듭니다.

주식 : 주식에 투자한다는 뜻입니다. '사람들이 오해하지 않도록' 또 표기한 겁니다.

S : 이건 클래스예요. 앞에서 수수료 부과체계 살펴봤죠? S는 펀드슈퍼마켓(Supermarket) 상품이라는 의미입니다. 복습하면 수수료는 언제 내요? 펀드에 돈을 넣거나 뺄 때. 이름 아래에 '수수료 후취'라고 쓰여 있죠? 돈을 찾을 때 수수료를 뗀다는 뜻입니다.

맨 위 상품 설명은 이걸로 됐습니다. 그런데 123쪽 그림을 보면 두 번째로 수익률 높다는 상품 중간에 이상한(?) 글자가 하나 있습니다. 바로 '자'예요. 못 찾겠죠? 다시 잘 보세요. '본토투자증권 자투자신탁2호' 보여요? (안 보이면 말고!) 무슨 말인지 저도 한참 헤맸습니다. 자(子)는 아이를 의미합니다. "아이? 웃기는 양반일세. 그럼 펀드에 엄마도 있냐?"고 물으시겠죠? 네, 엄마 있습니다. 그걸 모(母)라고 해요. 똑같은 이름의 펀드가 2개인데 '자'라는 글자만 없다면 그게 엄마펀드라고 생각하면 됩니다. 아이는 누구 말 들어요? 엄마 말. 그것처럼 '자'라는 말이 들어간 펀드는 주로 모펀드에 투자합니다. 모자관계란 그렇게 끈끈한 거죠.

이제 드디어 이름 뜻을 알았습니다!

○ 펀드 이름 : 미래에셋 차이나디스커버리증권투자신탁1호 (주식) S
○ 풀이 : 미래에셋자산운용에서 굴리는 상품. 중국 주식에 투자하는 상품. 펀드슈퍼마켓에서 파는 상품.

펀드 성격 풀이

유형 : 다시 나오죠? 이 펀드는 '해외주식'에 투자하는 펀드입니다. 왜 자꾸 이렇게 알려줄까요? 헷갈리지 말라고요! 이렇게 여러 번 알려줘도 모르는 사람들이 있거든요.

규모 : 펀드에 모인 '돈'의 크기입니다. 체급별로 경기하는 운동종목은 '몸무게'로 나누죠? 마찬가지인 겁니다. 이 펀드는 모인 돈만 보면 중형이에요. 총 642억 원의 돈이 모였답니다. 대형급은 대략 1000억 원 이상, 초대형급은 3000억 원 이상, 초소형급은 100억 원 미만. 사회초년생이라면 소형급은 웬만하면 하지 마세요. 중형, 가능하면 대형급 이상을 보면 좋겠습니다. 돈이 많이 모인 펀드일수록 자산운용사는 신경을 많이 쓸 수밖에 없어요. 대형급일수록 대표상품일 가능성도 높고요.

기준가 : 수익률을 표현하는 전통적인 방식이라 생각해두면 됩니다. 공부해도 어려워요. 옆에 표기된 다른 수익률을 보면 됩니다.

총보수 : 앞에서 나온 개념이죠? 판매보수, 운용보수, 신탁보수를 다 합친 금액이에요 이 펀드를 사면 매년 1.45%를 보수로 줘야 합니다. 보수는 보통 2~3% 생각해야 하니 비싸지 않습니다. 참고로 보수 중에는 으레 '판매보수'가 가장 높습니다. 펀드슈퍼마켓에서는 '사람'에게 물어보고 산 것이 아니라 당신이 직접 골랐잖아요. 그래서 S클래스의 판매보수가 낮은 겁니다.

유입액, 판매액 : 1(M)은 1개월 기준입니다. 유입액은 이 펀드로 들어온 돈입니다. '-'가 붙어 있으니 1개월 동안은 펀드에서 빠진 돈이 더 많네요. 가입액은 '+'이니 가입(구매)하는 사람이 있긴 있어요. 인기가 많은 펀드라면 두 숫자 모두 다 늘어날 거예요. 인기가 없다면 가입액은 줄고 유입액은 크게 마이너스가 되겠네요. 팬클럽 회원수라고 생각하시면 됩니다.

위험도 및 등급 풀이

6단계 중에서 '높은 위험'이라고 돼 있네요. 위험의 의미는 '당신이 돈을 잃을 수 있는 정도'를 뜻해요. 당신 돈이 '높은 위험 수준'으로 없어질 수도 있으니 알고 있으라는 거죠.

참고로 이 펀드상품의 위험도가 높은 이유 중 하나는 해외투자여서입니다. 해외투자는 현지 돈으로 투자합니다. 미국 달러를 쓰지 않는 곳이라면 '우리나라 돈 → 미국 돈 → 현지 돈'의 과정을 거쳐 투자됩니다. 반대로 수익을 챙길 때에는 '현지 돈 → 미국 돈 → 우리나라 돈'으로 환전돼서 오겠죠. 몇 단계 거치는 동안 환율에 따라 금액이 변합니다. 이게 위험도를 높여요. 이처럼 경영에 따른 수익성 못지않게 환율 변동에 따른 위험도 고려해야 합니다. 아무튼 해외는 쉽지 않습니다.

등급평가는 운용사가 아니라 펀드평가사(공인업체가 아니라 사설업체예요)가 매긴 등급입니다. 평가사 중에 '제로인'이 유명한데, 그곳에서 이 펀드를 평가한 점수라고 보면 됩니다. 높을수록 평가가 좋은 거고요.

수익률 풀이

드디어 나왔군요. 3개월, 6개월, 1년, 3년으로 나뉘죠? 중요한 것은 이 모든 게 과거 실적이라는 사실!

3개월 수익률은 3개월 전에 당신이 돈을 넣었으면 수익을 이만큼 얻었을 거라는 의미입니다. 3년 수익률은 3년 전에 돈을 넣었다면 기대할 수 있는 수익이고요. 그러니 이 수익률은 '과거에 이렇게 잘했어요'라는 뜻이지 결코 '보장'이 아니에요. 미래는 누구도 보장하지 않아요. 하지만 매우 매력적인 포인트인 건 사실이죠.

그래서 이 펀드 좋은 것 같나요? 나쁘지는 않아 보여요. 좋은 것 같습니다. 하지만 좀 더 자세히 들여다볼 필요가 있습니다. 상품명을 클릭해서 세부정보를 보죠.

세부정보에는 집합투자규약, 투자설명서, 간이투자설명서, 운용보고서, 자산관리보고서 등의 메뉴가 보입니다. 상품을 가장 정확히 설명한 문서지만 매우 어려우니 이 책에서는 설명을 생략하겠습니다. 무슨 말인지 이해되지 않더라도 투자 전에 한 번씩 읽어보시는 걸 추천해요. (외국어로 된 책 읽는 느낌일 겁니다.)

여기서는 쉽게 풀어쓴 부분으로 볼게요. '성과는 어땠나요?' 항목입니다. 클릭해보세요!

과거 수익률은 어땠나요? ☑ 대표클래스 정보로 보기 ⑦ 미래에셋 차이나디스커버리증권투자신탁1호 (주식) A

대표클래스펀드 설정일 2005.10.31

⊙ 기간수익률 [수익률 계산기]

기준일 : 2020.03.02

구분	1개월	3개월	6개월	1년	2년	3년	5년	설정후
수익률	6.14%	10.04%	11.27%	27.24%	15.44% (연7.43%)	93.65% (연24.62%)	82.09% (연12.72%)	252.22%
비교지수	2.34%	5.65%	7.90%	5.28%	-1.05% (연-0.52%)	30.39% (연9.24%)	28.10% (연5.07%)	191.50%
유형평균	0.52%	3.78%	5.65%	7.93%	-5.53% (연-2.80%)	25.92% (연7.98%)	19.95% (연3.70%)	-
%순위	3/100	13/100	19/100	3/100	4/100	1/100	1/100	

점수(수익)의 다양한 비교

▪ 비교지수는 펀드평가사(제로인)가 부여한 비교지수로 투자설명서의 비교지수와 다를 수 있습니다.
▪ 유형평균 및 %순위는 펀드평가사(제로인)의 소유형 기준으로 제공됩니다.
▪ 펀드평가사(제로인) 소유형 : 중국주식

> 이 펀드에 최근 3년간 (2017.03.02~2020.03.02) 매달 02일에 50만원씩 투자했다면?
>
> 총 투자금액 : **18,000,000 원** | 평가액 : **23,178,184 원** | 수익률 : **28.77 %**

성과는 어땠나요?

성과는 곧 수익률이라 생각하면 됩니다. 100% 일치하지는 않지만 지금은 그렇게 이해해도 돼요.

수익률이 플러스(+)면 빨간색, 마이너스(-)면 파란색입니다. 이 펀드의 수익률은 빨갛군요! 아름다워요. 아름다운 이 숫자들이 무슨 뜻인지 살펴볼까요?

수익률 : 설명하지 않아도 알겠죠? '1개월'이면 1개월 전에 이 펀드에 돈을 넣었다면 당신이 벌게 될 수익률이에요. 1개월에 6.14%라네요. 1년이면 27.24%, 아름답군요. 1년 전에 1000만 원 넣었다면 약

1300만 원이 생긴다니! (세금? 그건 잠시 잊어요. 수수료도 일단 잊고요.)

'설정후'는 뭘까요? 펀드가 태어난 생일이 설정일입니다. 펀드가 만들어질 때 돈을 넣고 오늘까지 안 빼고 있었다면 기대할 수 있는 수익이죠.

2년부터는 숫자 아래 '괄호'가 있습니다. 2년 수익률은 15.44%라는 의미고, 아래 숫자는 '연평균 수익률'이 7.43%라는 뜻입니다. 연평균 수익률을 2배 곱하면 2년 수익률일까요? 아니에요. (이 말이 이해되지 않으면 그냥 받아들이세요. 이건 수학입니다.)

쉬운 결론 → 높을수록 좋아요!

비교지수 : 비교지수는 보통 펀드에서 '벤치마크지수'라고 하는데요. 수익률만 놓고 보면 잘했는지 못했는지 알 수 없으니 다른 지수를 골라서 상대적인 성적을 보는 겁니다. 내 점수와 전국 평균점수를 비교해보는 것과 비슷해요. 내가 시험을 잘 봐서 20점이 올랐는데, 알고 보니 전국 평균은 30점이 올랐다고 해봐요. 그럼 잘한 거, 못한 거? 못한 거죠. 반대로 나는 5점 떨어졌는데 남들은 20점이 떨어졌대요. 그럼 마이너스이지만 나는 잘한 겁니다. 보통은 해당 주식시장 지수를 비교지수로 삼아요. 우리나라라면 코스피겠죠.

쉬운 결론 → 수익률이 비교지수보다 높을수록 좋아요.

유형평균 : 비교지수가 전국 평균과 비교하는 거라면, 유형평균

은 나와 비슷한 학교끼리 비교하는 겁니다. 내가 특목고 학생이라면, 유형평균은 내 성적을 전체 특목고의 평균과 비교하는 거죠.

쉬운 결론 → 수익률이 유형평균보다 높을수록 좋아요.

% 순위 : 이건 전체 석차 같은 겁니다. 1/100은 1% 안에 든다는 뜻이고 99/100은 99등 한다는 의미입니다. 못한 거죠.

쉬운 결론 → % 순위가 적을수록 잘한 거예요.

2년 전 수익률을 보면 전체적인 펀드 시장은 좋지 않았습니다. 파란색이잖아요. 당시 중국 주식시장도 어려웠고요. 그때 중국 펀드에 돈을 넣었다면 돈을 잃었을 가능성이 있었다는 거예요. 다만 주의할 점은 평가사의 기준에 의한 평가라는 점입니다. 다른 평가사는 다른 값이 나올 수도 있습니다. 모두 정답이 아닌 참고자료예요!

후와, 이제 끝난 거 같은데, 더 있을까요? 수익률 높고, 비교지수도 높고, 유형평균도 높고, % 순위도 좋고! 다 괜찮다는 거잖아요? 더 고민할 게 있을까요? 가입하러 갈까요?

아뇨, 아직 하나 더 있어요.

사실 이 수익률은 이 펀드 것이 아니거든요.

뭣이라? 그럼 우리 사기당한 거?

대표클래스 정보로 보기

앞의 그림 위쪽에 보면 '대표클래스 정보로 보기'에 체크가 되어 있어요. 그 옆에 펀드 이름이 있는데, 우리가 살펴본 상품과 미세하게 다릅니다. 애초에 우리가 본 펀드는 '미래에셋 차이나디스커버리증권투자신탁1호 (주식) S'인데, 130쪽 그림에는 맨 뒤에 'A'라고 돼 있네요. 이건 이건 클래스(수수료)만 다르고 나머지는 같은 상품이라 보면 됩니다. 펀드슈퍼마켓에서 파는 상품이기 때문에 S만 파는 거예요. 한 글자 차이니 크게 다를 건 없을까요? 가슴을 쓸어내리며 진짜 이 펀드의 수익률을 알아보죠.

'대표클래스 정보로 보기' 체크를 지우면 나옵니다.

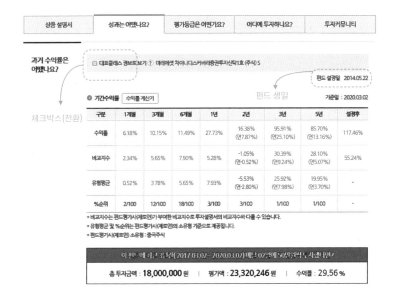

구분	1개월	3개월	6개월	1년	2년	3년	5년	설정후
수익률	6.18%	10.15%	11.49%	27.73%	16.38% (연7.87%)	95.91% (연25.10%)	85.70% (연13.16%)	117.46%
비교지수	2.34%	5.65%	7.90%	5.28%	-1.05% (연-0.52%)	30.39% (연9.24%)	28.10% (연5.07%)	55.24%
유형평균	0.52%	3.78%	5.65%	7.93%	-5.53% (연-2.80%)	25.92% (연7.98%)	19.95% (연3.70%)	-
%순위	2/100	12/100	18/100	3/100	3/100	1/100	1/100	-

※ 비교지수는 펀드평가사(제로인)가 부여한 비교지수로 투자설명서의 비교지수와 다를 수 있습니다.
※ 유형평균 및 %순위는 펀드평가사(제로인)의 소유형 기준으로 제공됩니다.
※ 펀드평가사(제로인) 소유형 : 중국주식

이 펀드 예 최근 3년간 (2017.03.02 ~ 2020.03.02) 매월 02일에 50만원씩 투자했다면?

| 총 투자금액 : 18,000,000 원 | 평가액 : 23,320,246 원 | 수익률 : 29.56 % |

A클래스의 펀드 설정일은 2005년 10월 31일인데, S클래스는 2014년 5월 22일입니다. 펀드슈퍼마켓 자체가 생긴 지 오래되지 않았기 때문에 S클래스 개시일이 늦어요. 큰 차이가 없으니 다행이네요. 아무튼 내가 보고 있는 펀드가 무엇인지는 정확히 알고 가입해야 합니다.

하나 더 알아두면 좋은 내용이 있습니다. '디스커버리'는 미래에셋의 대표상품이라고 했잖아요. A클래스 펀드는 무려 15년 전에 설정된 펀드예요. 대표상품으로 여태까지 유지하면서 이런 수익률을 냈다니 매우 믿을 만하다고 해석할 수도 있습니다.

또 하나 작은 팁. '기준일'은 오늘이 아니에요. 보통 하루 전입니다. 왜냐하면 펀드는 실시간으로 수익률이 나오지 않고 장이 마감되어야 하거든요. 그래서 시차가 있습니다.

그래서 끝이냐고요? 아뇨, 하나가 더 남았어요.

적립식과 거치식 : 수익률이 다르다

아래 그림을 다시 한 번 보겠습니다. 이상한 점이 있네요.

| 상품 설명서 | 성과는 어땠나요? | 평가등급은 어떤가요? | 어디에 투자하나요? | 투자커뮤니티 |

**과거 수익률은
어땠나요?**

☐ 대표클래스 정보로 보기 ⑦ 미래에셋 차이나디스커버리증권투자신탁1호 (주식) S

펀드 설정일 2014.05.22

🔵 기간수익률 수익률 계산기

기준일 : 2020.03.02

구분	1개월	3개월	6개월	1년	2년	3년	5년	설정후
수익률	6.18%	10.15%	11.49%	27.73%	16.38% (연7.87%)	95.91% (연25.10%)	85.70% (연13.16%)	117.46%
비교지수	2.34%	5.65%	7.90%	5.28%	-1.05% (연-0.52%)	30.39% (연9.24%)	28.10% (연5.07%)	55.24%
유형평균	0.52%	3.78%	5.65%	7.93%	-5.53% (연-2.80%)	25.92% (연7.98%)	19.95% (연3.70%)	-
%순위	2/100	12/100	18/100	3/100	3/100	3/100	1/100	1/100

* 비교지수는 펀드평가사(제로인)가 부여한 비교지수로 투자설명서의 비교지수와 다를 수 있습니다.
* 유형평균 및 %순위는 펀드평가사(제로인)의 소유형 기준으로 제공됩니다.
* 펀드평가사(제로인) 소유형 : 중국주식

왜 숫자가 다르죠?

이 펀드 에 최근 3년 남간 (2017.03.02~2020.03.02) 매 월 02일에 50만원씩 투 자했다 한 면,

| 총 투자금액 : **18,000,000** 원 | 평가액 : **23,320,246** 원 | 수익률 **29.56 %** |

5장 가장 손쉬운 투자방법, '펀드'

똑같은 3년 수익률인데 하나는 약 96%이고 또 하나는 30%네요. 설마 잘못 적어놓은 건 아닐 테고, 왜 이렇게 차이가 날까요?

답을 알려드리면, 납입방식의 차이입니다. 하나는 목돈을 한 번에 넣는 거고, 다른 하나는 매월 일정 금액을 넣는 거예요. 예금과 적금의 차이처럼요. 언뜻 이해되지 않죠? 비교해드릴게요.

거치식 수익률이 훨씬 좋은데?

앞의 그림에서 '기간수익률' 옆에 '수익률 계산기' 버튼 보이시나요? 누르면 투자일자와 투자금액이 나올 겁니다. 일단 거치식과 적립식을 다시 복습해볼까요? 거치식은 한 방에 돈을 넣는 것이고(저금으로 치면 '예금' = 목돈 굴리기), 적립식은 나눠서 넣는 겁니다(저금으로 치면 '직금' = 목돈 만들기). '투자일'은 '그날 내가 돈을 넣었다면'입니다. 잊지 마세요. 과거!

실제로 숫자를 넣어서 계산해보겠습니다. 펀드는 매일매일 수익이 달라진다고 했죠. 우리는 '오늘 기준' 3년간 수익률을 보는 것이니 3년 전 날짜를 '투자일'로 설정하면 됩니다. 날짜 계산이 어려울 수 있으니 금액을 잘 비교하셔야 합니다.

비교하려면 투자금액도 동일해야 하니 한 달에 50만 원씩 넣는 것으로 해볼게요. 즉 적립식은 36개월 동안 매달 50만 원을 넣는 것이고, 거치식은 총액 1800만 원을 한 방에 넣는 겁니다.

결과 화면을 볼까요?

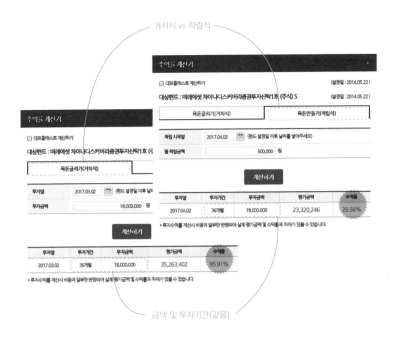

적립식과 거치식에 따라 수익률이 이렇게나 다릅니다. 금액 및 투자기간은 같죠. 하지만 엄밀히 말해 '투자기간에 따른 금액'은 다릅니다. 적금과 예금의 차이를 설명하면서 얘기한 것 기억나죠? 3년 수익률이란 건 3년간 펀드에 돈을 넣어뒀을 때의 수익률이잖아요. 적립식은 첫 달에 넣은 것만 3년 수익률의 적용을 받고 1년 전에 넣은 건 1년 수익률을 적용받게 되죠. 이런 식으로 매월 넣은 금액은 넣은 날짜에 따라 수익률이 달라져요. 적금 이자율 계산과 비슷하게 말이죠. 차이점은 적금은 '정해진 이율'의 적용을 받지만, 펀드는 '더 오를 수도', '더 까먹을 수도' 있다는 겁니다.

그런데 왜 적립식으로 하라는 거지?

수익률 높이기에는 적립식보다 거치식이 유리하네요. 그렇다면 거치식을 하라고 해야 할 것 같은데, 이상하게 많은 재테크 책이나 기사는 '적립식 펀드'를 권합니다. 왜 그런지 말씀드릴게요. 펀드 투자에서 가장 중요한 포인트 중 하나이니 집중해서 읽어주세요. 최대한 쉽게 설명해보겠습니다.

수익률이 우상향(계속 오른다)한다는 가정이라면 거치식이 유리합니다. 넣은 시점과 현재만 비교하면 되니까요. 반면 적립식은 수익률을 적용받는 원금이 계속 달라지기 때문에 거치식보다 수익률을 손해 보게 됩니다.

반대로 수익률이 마이너스인 경우라면 완전히 반대의 결과가 나옵니다. 거치식보다 적립식의 하락폭이 훨씬 적어요. 수익률이

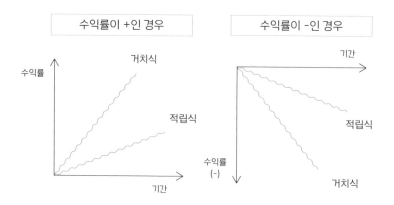

뚝뚝 떨어지는 국면에서는 적립식 펀드의 원금이 조금 날아갈 동안 거치식으로 넣은 원금은 왕창 없어지는 거예요.

알겠죠? 수익률이 계속 상승하는 국면에는 거치식이 적립식보다 유리해요. 반대로 수익률이 계속 하락한다면 적립식이 거치식보다 낫고요(덜 까먹어요). 시장은 어떨까요? 보통 오르락내리락 합니다. 그래서 적립식은 '위험분산 효과'가 있다고 얘기해요. 장이 나쁠 때 더 많은 수량을 구매해서 장이 좋을 때 더 많은 이득을 취할 수 있어요. 단순하게 '적립식이 거치식보다 위험도가 낮다! 대신 수익도 낮다!'고 기억해두세요. 그래서 보통은 적립식 및 장기투자를 권하는 겁니다.

적립식 펀드의 3년 수익률 30%가 거치식의 96%보다 너무 낮아 보일지 모르지만, 은행 이자율 2%보다는 훨씬 높은 겁니다. 욕심 덜 부리고 수익률 챙기는 게 괜찮은 선택이라고 봐요. 물론 시장이 어떻게 흘러갈지 확실하게 안다고 자신하면 거치식이 나쁘지 않습니다. 어차피 당신 돈으로 당신이 결정하는 거니까.

수익률을 높이려면?

말은 이렇게 하지만, 항상 오르거나 내리기만 하는 펀드는 현실에 없어요. 늘 위아래로 춤을 추면서 어느 방향으로(수익이든 손실이든) 향하기 마련입니다. 이 와중에 수익률을 높이고 싶으면 방법은 간단해요. 미래를 예측하는 점쟁이가 되어야죠. 좀 더 현실적으로 표현하면 시장을 보는 눈이 있어야 합니다. 어느 시장이 뜨고 나면 많은 사람들이 '뜰 줄 알았다'는 식으로 말하지만, 그 당시에는 그런 판단을 못했잖아요. 그게 일반인이에요. 수익률을 높이려면 결국 미래에 대한 자신만의 관점이 있어야 합니다. 사회초년생도 경제기사나 세상 돌아가는 상황을 부지런히 읽어야 한다는 뻔한 잔소리를 계속하는 이유입니다.

또 하나 잔소리를 붙이면, '자기 기준을 세우세요.' 미래를 맞히는 사람은 없어요. 하지만 자기 기준을 잘 지키면 시간이 지날수록 점점 수익률을 안정시킬 수 있게 될 겁니다. 수익률을 안정화한다는 건 수익의 변동폭을 줄인다는 뜻이에요. 이편이 대박과 쪽박을 왔다 갔다 하는 것보다 월급쟁이에게 더 맞아요. 나이 들수록 맞기도 하고요.

자, 이번에는 숙제가 있습니다.

○ 마음에 드는 펀드를 2~3개 골라보세요.
○ 왜 골랐는지 이유를 적어봅니다. 적기 싫으면 녹음을 하든 영상을 찍든 하여간 남겨보세요.

수익률 외에도 따질 것은 많다

이번에는 펀드 성과를 볼 때 수익률 외에 함께 보면 좋을 것들을 말해볼게요. 앞의 '성과는 어땠나요?' 화면에서 스크롤을 내리면 나타나는 '변동성 지표'와 '위험조정성과 지표'입니다.

변동성 지표

변동성 지표를 한마디로 정리하면 '수익률이 얼마나 출렁거리나' 하는 겁니다. 배를 타고 간다고 생각해봅시다. 배가 출렁이는 게 좋을까요? 배에 비유했으니 아마도 '잔잔할수록 좋다'고 생각할 것 같군요. 맞아요.

하지만 배가 아니라 서핑보드를 탄다면요? 잔잔한 게 좋을까요? 아니죠. 출렁거리는 게 더 좋을 겁니다.

이처럼 목적이 뭔지에 따라 좋은 게 달라져요. 내가 고른 상품이 어떤 유형인지, 내가 기대하는 수익률이 얼마인지에 따라 잔잔한 게 좋은지 출렁이는 게 좋은지가 달라진다는 겁니다. 그게 판단기준이에요.

'변동성 지표' 항목은 'HIGH'에 가까울수록 변동폭이 크다고 보면 됩니다. 수익률이 출렁이는 게 싫으면 변동성이 낮은 걸 고르면 돼요. 대신 너무 낮으면 재미는 없을 겁니다. 그렇다고 너무 위험한 것을 고르면 짜릿하겠지만, 밖으로 튕겨나갈지도 몰라요.

위험조정성과 지표

변동성 지표 아래에 있는 위험조정성과 지표는 한마디로 말해 '위험에 얼마나 잘 대응했는가'를 따지는 겁니다. 투자는 늘 위험도를 안고 가는 건데, 위험을 떠안고도 어느 정도의 수익을 냈느냐를 보는 거예요. 100이라는 위험을 부담한다면 기대수익은 100이 넘어야 의미가 있겠죠? 내게 남는 게 있어야 하니까요. 그런 개념입니다.

개념을 설명한 글을 읽어도 잘 모르겠죠? 그럴 때에는 맨 마지막 줄만 읽어보세요. '매우 우수', 이 단어가 나오면 만족하도록 해요.

상품유형에 따라 위험도가 달라진다

이 항목들에 어떤 의미가 있는지 알려면 다른 펀드상품과 비교해 봐야 합니다. 비교는 비슷한 유형의 상품들과 해야 하는 것 알죠?

펀드 유형에 따라 숫자의 의미가 달라집니다. 만약 주식에 투자하는 거라면 변동성 지표가 좀 더 출렁이고 위험조정성과 지표가 커져도 다른 주식형 펀드에 비해 변동폭이 크지 않다고 할 수 있어요. 안정적이라는 거죠. 참고로 앞서 예로 든 펀드상품은 표준편차가 20% 이상입니다.

반면 채권에 투자하는 거라면 해석이 전혀 달라집니다. 같은 숫자라도 주식형 펀드에서는 안정적이라 여겨졌어도 채권형 펀드에서는 매우 불안정하다는 평가를 받게 됩니다. 단적인 예로 채권형은 표준편차가 2% 수준만 되어도 변동성이 크다고 판단합니다.

이처럼 펀드 유형에 따라 위험도가 달라져요. 위험도는 이렇게 보면 됩니다.

○ 채권형 ‹ 채권혼합 ‹ 주식혼합 ‹ 주식형

기대수익률은 이것과 반대고요. 대체로 주식형이 가장 높고 채권형이 가장 낮습니다. 그러니 내가 어느 상품에 투자하는 것인지 따져야 합니다. 그게 먼저예요, 앞의 그림이 먼저가 아니라.

이렇게 말해도 너무 복잡하고 잘 모르겠다면, 지표에 나와 있는 설명의 맨 마지막 줄을 보고 평가하세요. 끝!

펀드 투자할 때 지표는 참고자료일 뿐입니다. 그보다 우선해야 할 참고자료가 있어요. 바로 ‘투자하는 펀드의 시장’에 대한 나의 판단입니다. 중국 펀드가 유행이라니 중국 펀드에 가입할 것이 아니라, 내 생각에 중국이 뜰 것 같으면 중국펀드를 보는 거예요. 펀드를 보면 유행하는 상품을 찾을 수 있어요. 하지만 검증은 나의 몫입니다. 그래서 뉴스를 보셔야 해요. 중국에 살지도 않는데 중국 소식을 어떻게 알겠어요? 뉴스를 보면서 꾸준히 나의 생각을 쌓아야죠.

그래서 어떤 펀드를 고르라고?

물론 마음에 드는 펀드를 고르시면 됩니다. 그렇지만 아직 혼란스러울 테니, 대략 고민한 다음에 은행이나 증권사에 가보세요. 과거 펀드 열풍이 불었을 때 아무것도 모르는 노인들을 대상으로 초고위험 펀드를 팔았다가 큰 문제가 된 적이 있어요. 그 후로는 성향 분석을 먼저 하고 그에 맞는 상품만 판매하는 것으로 바뀌었는데, 성향분석을 하고 친절히 설명해줄 사람은 지금으로서는 펀드 판매하는 사람밖에 없어요. 물론 개중에는 나쁜 사람도 있겠죠. 누가 봐도 '호갱'인 것 같으니 자기 실적에 유리한 펀드로 유도하거나 강요하는 경우. 그런 경우를 빼면 사회초년생은 혼자 공부하는 것보다 펀드 판매하는 분들을 만나서 이야기해보는 게 좋습니다. 그분들의 의견을 듣다 보면 선택지가 좀 더 또렷해질 거예요.

이때 주의사항은 하나입니다. 그 자리에서 계약하지 않는 것! 그것만 지키면 됩니다. 잘 듣고, 당신 생각이 좀 더 여물면 그때 가입하세요. 그래야 설령 돈을 까먹어도 남는 게 있어요. 그렇지 않으면 당신의 실력은 하나도 늘지 않아요.

간혹 수수료가 아깝다고 하는 사람들도 있던데, 지금 갖고 있는 원금이 어차피 크지 않잖아요. 얼마 안 되는 수수료 아깝다 하지 말고 그냥 수업료라고 생각해요. 그게 정신건강에 좋아요. 혼자 고민하고 잘못된 결정을 하느니 10만 원 내고 배운다고 생각하세요.

대신 당신도 10만 원어치 본전은 뽑아야 하잖아요? 1회에 10만 원짜리 강의를 듣는 겁니다. 판매하는 사람에게 어떻게 해야겠어요? 그냥 듣고만 있을 거예요? 아니죠! 열심히 물어보고 또 물어보세요. 한 번 듣고 잘 모르겠으면 다른 은행이나 증권사 지점에 가서 또 물어보세요. 판매하는 분들에게 좀 미안하겠지만, 그게 그분들의 직업이에요. 진상짓만 하지 않으면 되니 충분히 물어보세요. 고마우면 그분에게 펀드를 가입하면 됩니다. 그게 보답이에요.

오늘의 숙제입니다.

○ 은행이나 증권사에 가서 펀드 판매 상담을 받아본다.
○ 받아보고 나서 기억에 남는 이야기를 적어둔다.
○ 그 자리에서 가입하지 않는다!
○ 나중에 결심이 서면 가장 설명 잘해준 분에게 가입한다.

펀드 고르기 총정리 : 사회초년생 버전

지금까지 살펴본 내용을 토대로, 펀드 고르는 방법을 정리해볼게요. 사실 이 글을 쓰는 것 자체가 저는 좀 민망합니다. 왜냐하면 개인적으로 펀드 등 간접투자에서 재미를 본 적이 별로 없거든요. 그나마 적립식 펀드는 좀 괜찮았는데 거치식은… 아… 내 돈… 또 속쓰리네요. 성공은 못했지만 경험에서 하는 말이니 사회초년생이라면 연습해보세요.

목표를 먼저 세운다

- ○ 1. 기대하는 목표수익률을 정한다.
- ○ 2. 얼마까지 잃어도 되는지 위험부담 수준을 정한다.

이 두 가지는 꼭 정하고 가기 바랍니다.

수익률 목표를 잡을 때 이자율을 기준으로 하면 편해요. 그러니 펀드 외의 모든 투자도 이자율과 비교하는 습관을 들이도록 하세요. 수익률은 적어도 예금 이자보다는 높아야 합니다. 수익률이 이자보다 낮거나 비슷한 수준으로 할 거면 펀드 말고 저금하는 게 훨씬 나아요. 요즘 이자율이 2%(정기예금) 미만이니 2배만 잡아도 4%, 더 잡으면 6%까지 기대할 수 있을 거예요. 너무 적어요? 그럼 더 높여도 됩니다. 알아서 정하세요.

제가 추천하는 목표 수익률은 연 5~10% 정도입니다. 5%보다 낮으면 이자 대비 큰 효과가 없고 10%가 넘어가면 달성하기까지 시간이 걸리거든요. (위험부담을 많이 감수하겠다면 가능하긴 해요. 대신 신경 쓰느라 모발건강에 적신호가… 알아서 정하세요.)

위험부담 수준은 원금의 몇 퍼센트가 없어져도 되는지입니다. 이걸 정하는 이유는, 중간중간 체크했을 때 위험부담 수준을 넘어서면 미련 없이 털고 나오기 위해서입니다. 안 적어놓으면 보통 '조금만 더'를 외치거나 '물 타기'를 시도하게 되거든요.

위험부담 수준은 최소한 10% 이상은 잡아야 합니다. 그 정도 빠지는 건 흔한 일이니 너무 소심하게 기준을 잡으면 투자를 못해요. 제 추천은 20% 정도 잡는 겁니다.

투자기간도 적어두면 좋긴 합니다. 앞에서 슬쩍 말했지만 투자기간이 너무 짧으면 환매수수료를 왕창 낼 수 있으니 최소 1년 이상으로 잡아야 해요. 많은 책에서 3년 정도를 추천하더라고요.

가까운 판매사를 찾아간다

은행이나 증권사에 가서 판매하는 분에게 당신의 목표를 말해주세요. 더불어 얼마를 투자할 수 있는지도요. 판매사의 의견은 아주 잘 들어봅니다. 궁금한 건 물어봅니다. 또 잘 듣고요. 따지거나 아는 체하지 말고! 그러면 후보 펀드를 몇 개 추천해줄 거예요. 잘 기억하거나 메모하세요. 비치된 상품소개서도 챙겨두고요.

가장 중요한 포인트!

그 자리에서 가입하면 안 돼요! 그냥 집에 오는 겁니다.

집에서 검토한다

추천받은 펀드와 유사한 상품을 온라인에서 찾아보세요. 미처 질문하지 못한 내용이나 궁금한 것들도 검색해보고요. 이때 뭘 검색해요? '뉴스'죠. 1차는 뉴스입니다. 다만 뉴스 검색할 때에는 '장밋빛'을 주의하세요. 고르고 있는 펀드가 한창 유행 중인 펀드라면 최근 뉴스는 장밋빛 기사만 나올 겁니다. 뉴스 만드는 회사들도 먹고사느라 그래요. 그러니 잘 골라서 읽어야 합니다. 뉴스 다음으로 참조할 것은 커뮤니티와 보고서와 유튜브 등입니다. 꾸준히 뉴스를 읽어왔다면 어느 정도 판단이 설 겁니다.

고민하고 결정한다

이때 또 중요한 것. 왜 이렇게 결정했는지 반드시 적어두세요! 나중에 또 투자할 때 써먹기 위해서입니다.

사람은 상황에 맞춰 자기 기억을 왜곡하는 경향이 있어요. 자기 실수를 덮거나 성공을 과장하곤 하죠. 그러니 결정했을 때 바로 적어야 해요. 내가 제대로 평가하고 투자한 건지 아니면 운이 좋았던 건지 알아야 나중에 실수를 줄일 수 있어요.

펀드 가입이요? 처음 하는 거라면 은행이나 증권사에서 하세요. 혹여 답답할 때 물어볼 곳이라도 있어야죠.

투자하고 점검한다

한 달 또는 3개월(적어도 6개월)에 한 번씩 성과를 확인합니다.

목표 대비 수익이 좋으면 왜 좋은지, 나쁘면 왜 나쁜지 적으세요. 모르면 모르겠다고 적습니다. 궁금하면 어떻게? 가입한 판매회사에 가서 물어보세요! "내 돈이 어떻게 된 건가요?"라고 물으면 그분들은 아주 세련되고 전문적인 용어를 써가면서 '잘 모르지만 좀 더 두고 볼래?' 내지는 '잘 모르지만 환매할래?'라고 의견을 줄 거예요. 따지지 말고 잘 들으세요. 다 남는 얘기입니다. 단, 그분들은 결코 '확정적'으로 대답하지 않습니다. 당신도 확정적인 답변을 달라고 하시면 안 됩니다. 청문회가 아니잖아요. '올라요? 떨어져요? 예스 아니면 노로 대답하세요!'라고 묻는 건 진상짓입니다. 그런 얘기 들고 싶으면 점쟁이를 찾아가세요.

기준에 도달하면 펀드를 해지할지 유지할지 고민한다

기준은 두 가지입니다. 목표 금액이 모였는가? 감당할 수 있는 위험구간을 초과했는가?

목표수익률에 다다르거나 위험구간을 넘어서면 환매하는 걸 추천합니다. 이익이 날 때 그냥 두면 더 오를 것 같죠? 그런 경우도 있지만 사라지는 경우도 있어요. 위험구간을 넘었을 때 좀 더 지켜보면 회복될 것 같죠? 더 많이 사라지는 경우도 있어요. 중간에 끊으면 한 번 쉴 수 있고, 생각할 시간을 벌어요. 우리는 사회초년생에 재테크 초보잖아요. 그러니 일단 끊고, 나중에 실력이 쌓이면 그때 마음대로 하세요.

이유를 적는다

기준에 도달했을 때의 평가는 펀드에 가입하면서 생각했던 것과 같을 수도 있고 다를 수도 있습니다. 이걸 적어둬야 실력이 쌓입니다. 물론 귀찮아요. 하지만 이렇게 하지 않으면 실력이 별로 안 늘어요. 공부와 너무 비슷하죠? 학교에서 지겹게 들은 말이 예습과 복습이잖아요. 그거 하라는 겁니다. (저를 포함한) 수많은 벼락치기 인생에게 쉽지 않은 일이라는 건 압니다. 그래도 돈 모으려면 피해서는 안 됩니다.

막막하다고 얼굴 찌푸리는 당신을 위해 투자일지를 선물로 준비했습니다. 선물이라기보다는 예시예요. 참조해서 더 나은 일지를 만들어보면 좋겠습니다. 처음에는 이만큼 쓰기도 어렵겠지만, 연습하면 나중에는 훨씬 더 많은 정보와 내용을 채울 수 있을 거예요.

투자금액	월50만 원 × 24개월
목표수익률	6%(연) (이자율 3배)
위험부담	-20%
판매사	비과세펀드가 좋단다. (세금 없음) 요즘 베트남 뜬다고 한다. ○○○펀드, △△△펀드 추천
내 생각 (투자시점)	베트남 뜰 거 같다. (성장률 높다.) 뉴스(2000. ○.○. ○○일보)에서 성장률이 높을거라고 했다. 기왕 할 거면 비과세 괜찮다.
가입결정	○○베트남 ×××펀드
반년 뒤	수익률 5%, 605만 원 모임. 괜찮음.
1년 뒤	-10%, 베트남과 중국 국지전 (팔까???)
1년 반 뒤	수익률 10%, 전격 휴전 및 중국투자 왕창 늘어남.
환매	목표수익률 도달, 환매 (베트남 앞으로 더 뜰 거 같다) 새로 가입해야지.

이 과정을 매 투자마다 반복합니다. 성공하길 빌어요!

펀드 구매할 곳 고르는 법

1. 수수료 적은 곳

사실 이건 펀드보다는 주식거래를 하는 사람들에게 해당하는 건데, 수수료 적은 곳을 많이 고르는 편입니다. 수수료라는 게 내가 받을 돈에서 사라지는 것이니 적게 가져가는 곳일수록 좋겠죠. 광고를 보면 '온라인 중개 수수료 무료'를 내세우는 곳들이 많아요. 그러니 주식투자를 하는 경우라면 수수료 적은 곳을 추천하겠어요.

하지만 펀드는 조금 다릅니다. 동일한 상품은 수수료 차이가 거의 없어요. 또 하나 현실적인 얘기를 다시 하자면, 당신이 투자할 원금이 크지 않기 때문에 수수료 차이가 별 의미가 없습니다. 나중에는 매우 중요한 요소겠지만 처음 하는 것이라면 이 비용은 투자 또는 학습비용으로 생각해도 됩니다. 아무튼 결론은, 펀드 파는 곳이면 어디든 크게 상관없습니다.

2. 내가 원하는 상품을 파는 곳

내가 원하는 상품이 있다면 그 상품을 파는 증권사에서 펀드를 구매하면 되겠죠. 문제는 내가 원하는 펀드가 없을 때입니다. 아니, 사실은 있는지 없는지, 심지어 원하는 상품이 뭔지 모르는 거겠죠. 내게 고를 능력이 없으면 전문가에게 물어봐서 가입하는 게 낫습니다. 그러니 결론은, 물어보기 편한 곳!

3. 내가 쉽게 접촉할 수 있는 곳

펀드슈퍼마켓 같은 사이트 말고 증권사나 은행에서 펀드를 구매하는 경우입니다.

추천하는 기준은 '직접 가서 물어볼 수 있는 곳'입니다. 우리는 직장인이니 평일에 짬을 내봤자 점심시간밖에 없잖아요. 그러니 버스 타고 전철 타고 택시 타고 가야 하는 곳은 부담스럽습니다. 그냥 걸어서 갈 수 있는 곳이 좋아요. 전화로 상담하면 되지 않느냐 할지 모르지만, 직접 방문해야 본인 머릿속에 남습니다. 무슨 말인지 하나도 못 알아듣더라도 직접 부딪쳐가며 해보는 거랑 글로(전화로) 배우는 건 정말 달라요. 중간에 실적 체크하고 궁금한 걸 물어보기 위해서라도 직접 갈 수 있는 곳이 좋아요.

처음에는 이렇게 거래를 튼 다음 어느 정도 펀드에 자신이 생기고 증권사 업무가 익숙해지면 그때 다시 1번과 2번을 고려해서 판매사를 변경하면 됩니다. 물론 그냥 하던 대로 계속해도 되고요. 지금은? 근처에 직접 방문할 수 있는 곳으로 가세요!

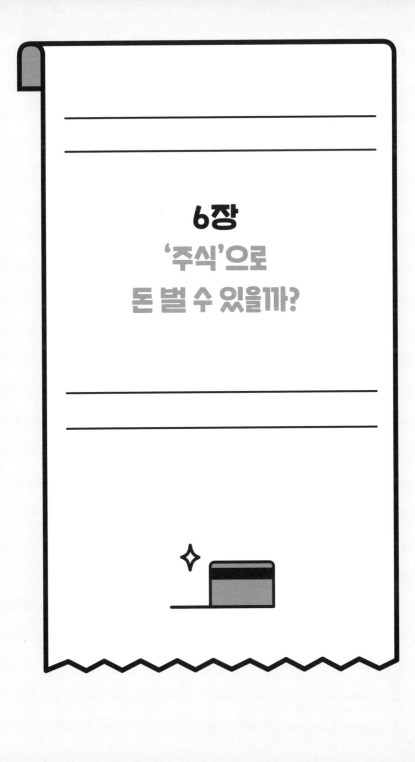

6장
'주식'으로
돈 벌 수 있을까?

주식으로 돈 버는 두 가지 방법

투자할 때 떠올리는 대표적인 상품으로 펀드, 부동산, 주식이 있다고 했죠. 이 중 펀드는 설명했고, 부동산은 사회초년생이 하기 쉽지 않습니다. 돈이 엄청나게 드니까요. 그렇다면 남은 건 주식이네요?

주식투자는 위험도가 굉장히 높기 때문에 많은 사람들이 '너는 주식 하지 마라!'고 얘기를 합니다. 저도 섣불리 권하지는 않고요. 그럼에도 주식투자를 하는 사람은 너무너무 많습니다. 이유는? 수익률 외에도 몇 가지가 있습니다.

첫 번째는 다른 투자에 비해 금액이 아주 적어도 되고 아주 많아도 된다는 겁니다. 펀드와 달리 주식투자는 적게는 1만 원 이하도 됩니다. 많으면 수억도 가능하고요. 두 번째 이유는 주식투자가 생각보다 정말 쉬워서예요. 앱만 깔면 계좌 만들고 사고파는 게 가능합니다. 어느 종목이 오르고 내릴지는 누구도 알지 못하지만, 사고파는 과정을 배우는 데에는 30분도 걸리지 않을 만큼 쉽습니다. 세 번째는 거래시간이 매우 짧습니다. '초단타 매매'는 하루 수백 번도 가능합니다. 예금이나 펀드는 장기로 투자해야 하지만 주식은 하루도 안 걸리는 시간에 성과를 낼 수 있습니다.

이런 이유로 주식에 대한 관심은 항상 뜨겁습니다. 특히 사회초년생들의 관심이 점점 높아지고 있죠. 그러니 지금부터 주식투자에 대해 설명할게요. 지금까지 읽었던 분들은 다 알겠지만 어떤 종목이 뜰지 추천하는 얘기 같은 건 안 나옵니다. 저도 몰라요. 여기서는 주식이 뭔지, 주식투자는 어떻게 하는지에 대한 아주 개괄적인 이야기만 할 겁니다.

주식(株式, stock)의 사전적 의미는 '회사의 주인이라는 권리증서'입니다. 주식을 가지고 있는 사람을 주주라고 하고요. 각 증서마다 가격이 적혀 있고, 가지고 있는 주식만큼 회사에 책임을 집니다. 물론 권리도 주식수만큼 비례해서 갖게 되고요.

권리는 크게 두 가지입니다. 하나는 회사 경영에 참여할 수 있습니다. 무제한의 권리는 아니고, 내가 보유한 주식만큼만 의사결정권이 있어요. 다른 하나는 배당입니다. 회사가 돈을 벌면 주주들에게 나눠주는데, 이걸 '배당'이라고 해요. 보유한 주식 비율만큼 배당금을 받게 되죠.

의무라고 하면, 이런 겁니다. 회사가 망했어요. 그럼 주인이 책임져야 하잖아요. 이때도 당신이 보유한 주식만큼 책임지는 겁니다. 쉽게 말하면, 당신 주식이 휴지가 된다는 겁니다. 그 이상의 책임은 지지 않아도 됩니다.

모든 기업이 주식을 발행하는 건 아니에요. 주주들이 내놓은 자본(유식한 말로 '출자')으로 구성된 회사를 주식회사라고 합니다. 자본주의 사회에서 가장 일반적인 회사 형태죠. 사업상 돈이 필요할 때 주식을 발행해서 자금을 모으기 쉽거든요. 회사는 수익이 나면 주주들에게 이익을 나누고, 손해를 보면 주식을 가지고 있는 주주들과 같이 부담하게 됩니다. 회사 이름에 (주)가 붙어 있으면 그게 주식회사고, 주식시장에서 거래할 수 있다면 상장회사라고 보면 됩니다. 더 자세한 내용은 공부하셔야 하지만, 우리가 주식회사의 구성이나 정의, 상법상의 문제에 대해 깊게 고민할 건 아니잖아요. 주식투자하고 싶은 거니까, 이쯤만 알고 넘어갈게요.

주식투자는 말 그대로 주식에 투자한다는 겁니다. 회사 주인임을 증명하는 주식을 갖고 무슨 수익을 내게 될까요? 두 가지가 있습니다.

첫째는 '배당수익'을 받는 겁니다.

배당은 앞에서 설명했죠? 1년에 한 번 결산해서 주주들에게 나눠주는데, 이 돈이 배당수익입니다. '1주당 배당금을 얼마 드립니다'라고 회사가 발표하는데, 이게 진정한 의미의 '주주로서의 수익'이라고 보면 됩니다. 쉽게 생각하면 예금과 비슷해요. 예금하고 이자를 받듯, 주식을 산 후에 배당수익을 받는 겁니다. 정부가 15.4% 세금을 떼가는 것도 비슷하네요. 차이점은 예금은 원금이 없어지지 않고 이자도 꼭 주지만, 주식은 회사가 망하면 원금이 없어질 수도 있고, 회사가 돈을 못 벌면 배당금이 없을 수도 있다는 겁니다. 심지어 회사가 돈을 벌었는데 배당을 하지 않는 경우도 있어요. 번 돈을 배당하는 대신 다른 곳에 재투자해서 앞으로 돈을 더 많이 벌겠다고 안 주는 거죠. 무조건 안 주는 건 아니고, 안 줘도 된다는 말입니다. 그러니 배당수익은 은행이자보다 더 많을 수도 있고, 더 적을 수도 있습니다.

둘째는 '시세차익'을 실현하는 겁니다.

배당수익만 노린다면 사람들이 매일같이 주식을 사고팔지는 않을 겁니다. 좋은 주식 하나 들고 계속 가지고 있겠죠. 이렇게 투자하는 방식도 물론 있습니다만, 보통 말하는 주식투자는 '차익실현'으로 수익을 얻는 겁니다. 주가가 올랐다, 내렸다 같은 말을 많이 하는 게 이런 이유입니다. 주식을 싸게 사서 비싸게 파는 거죠.

내용은 너무 쉽죠? 어떤 회사의 주식이 있는데, 이 회사 주식이 오를 것 같으면 미리 사뒀다가 오르면 팔고, 주가가 떨어질 것 같으면 그전에 팝니다. 아주 간단합니다. 그래서 사람들이 주식시장에 몰리는 거예요. 문제는 이 간단한 게 쉽지 않다는 겁니다. 왜일까요? 미래는 아무도 모르니까요. 어느 주식이 오르고 내릴지 몰라요. 그래서 돈을 못 법니다.

N명의 마음을 읽어내는 게임

주가(주식가격)는 계속 변합니다. 변하는 것은 문제가 아니에요. 너무 빨리 그리고 많이 변하는 것이 문제죠.

오랜 기간에 걸쳐 서서히 가격이 변하는 일반적인 상품과 달리 주가는 하루가 아니라 매시, 매분, 매초 달라져요. 게다가 상품 가격은 꾸준히 오르거나 내리는 방향성이 있는데 유독 주가는 널을 뜁니다. 물론 오래 보면 일정한 방향성이 보일 수도 있지만 단기적으로는 오르락내리락 정신없습니다. 혹시 주식시세표 본 적 있나요? 금액이 계속 바뀝니다. 눈 돌아가게 변해요.

이건 좋기도 하고 나쁘기도 해요.

오로지 돈만 보는 입장에서 자주 변한다는 건 그만큼 기회가 많다는 뜻입니다. 기회가 많다는 뜻은 손해 볼 위험도 높다는 뜻이고요. 이렇게 변하는 주가를 실시간으로 따라가면서 수시로 거래하는 걸 '단타매매'라고 해요. 100원 오르면 팔고, 100원 내리면 사고. 하루에도 금액은 수십 번(수백 번, 수천 번…) 변하고, 주식은 딱 한 종목만 있는 게 아니기 때문에 무한정에 가깝게 사고팔 수 있어요.

생각해보면 이상한 일입니다. 주식가격은 회사의 가치와 비례합니다. 그런데 어떤 회사의 가치가 하루에도 수십 수백 번 변한다는 게 상식적으로는 말이 안 되잖아요. 삼성전자나 현대자동차 직원한 명이 일을 안 하면 주가가 낮아지고, 한 명이 일을 열심히 하면 주식이 오르나요? 실시간 감시할 수도 없고, 자동차나 물건이 하루에 엄청나게 바뀔 리도 없는데 주가는 왜 변하는 걸까요?

그건 회사의 미래가치에 대한 사람들의 평가가 계속 바뀌기 때문이에요.

어떤 회사가 지금보다 더 잘될 것 같으면 그 회사의 가치가 오를 겁니다. 그 가치는 주가에 반영되고요. 돈 벌려면 그 회사 주식을 지금이라도 사야 합니다. 반대로 회사가 잘 안 될 것 같으면 지금 당장은 주가가 높아도 곧 떨어지겠죠? 그러니 팔아야 합니다.

하지만 사람마다 생각은 다 다릅니다. 누구는 그 회사가 안 될 거라 보고, 누구는 지금도 잘나가지만 더 잘되리라 기대해요. 그래서 서로 자기 판단에 맞춰 가격을 부릅니다. 누구는 더 높게 사겠다고 하고 누구는 더 낮게 팔겠다고 하겠죠. 이렇게 시장에서 저마다 가격을 부르다 서로 같은 가격이 되면 거래가 체결됩니다. 정답은 누가 알까요? 주식시장에 참여한 나머지 사람들의 판단에 따라 결정됩니다.

주식투자가 어려운 이유 중 하나가 이겁니다. 주가가 변동하는 이유를 논리적으로만 설명할 수 없기 때문이죠. 어찌 보면 실제 회사의 가치에 투자한다기보다는 각자 자기 믿음에 투자하는 거잖아요. 이처럼 주가는 사고파는 사람들의 마음과 연결되어 있어요. 판타지 소설도 아니고, 주가가 사람들의 마음과 연결되어 있다니!

어떻게 보면 주식투자는 주식시장에 참여한 사람들의 마음을 읽어내는 게임일지도 몰라요. 그래서 주식투자를 '합법적인 도박'이라고 하는 사람도 있습니다. 하지만 명백히 다른 부분은 있습니다. 주가는 곧 회사의 가치를 따르게 돼 있는데, 회사의 가치는 각종 데이터로 설명할 수 있으니까요. '재무제표'라는 것과 '공시', 각종 보도자료 등이 시장에 쏟아져 나옵니다. 그 데이터를 잘 보고 해석하면 일정 부분 논리적으로 설명할 수 있어요. 흔히 호재와 악재라고 하죠. 회사에 좋은 일이 생기면(호재) 주가는 오르고, 나쁜 일이 생기면(악재) 주가가 떨어집니다. 호재와 악재를 잘 구분해서 판단하는 것이 투자자로서 당신의 역할이고요.

물론 '도대체 알 수 없는 이유'로도 주가는 오르거나 떨어집니다. 엄연한 현실이에요. 그래서 말인데, 주가를 100% 예측한다고 하는 사람이 있다면 그냥 '사기꾼'이라고 생각해두세요. 그런 사람 없습니다. 사회초년생이라면 그런 사람하고 가까이 지내지 마세요.

가장 중요한 것은 결국 당신의 판단

전철역에서 이런 경험 해보셨을 겁니다. 잘 모르는 곳에 가면서 표지판은 안 보고 사람들이 움직이는 방향을 별생각 없이 따라가는 거요. 다수가 움직이는 방향은 정답처럼 보입니다. 주식시장에서도 이럴 때가 있어요. 어느 기업 주가가 왜 그런지 모르게 그냥 오르는 경우입니다. 이런 이유는 대부분은 감성적인 겁니다. 물론 어떤 기업의 호재가 미처 알려지기도 전에 주가부터 오를 때도 있고요. 이런 온갖 이유에서 비롯된 사람들의 판단이 부딪쳐 나타난 결과가 주식시세판입니다.

제가 하려는 말은, 결국 최종 결정은 투자자의 몫이라는 겁니다. 전문가가 굴려주는 펀드와 달리 주식은 투자자들이 직접 매매를 결정합니다. 증권사는 중간에 매매만 대행하는 거예요. 결과에 대한 책임은 당연히 투자자가 지고요. 다른 사람의 이야기, 신문기사, 전문가의 분석, 이 모든 것은 결정에 도움을 주는 보조자료일 뿐이에요. 그러니 최대한 감성보다 논리로 판단할 수 있도록 훈련해야 합니다. 그냥 '감'으로는 알 수 없어요.

그래서 주식하는 사람들은 의외로(?) 공부를 열심히 합니다. 이 자료도 보고, 저 기사도 읽고, 책도 읽고, 증권 방송도 시청하고, 주위 사람들과 열심히 토론도 해요. 시장에 다 알려진 내용을 나만 모르면 손해 보거든요. 그만큼 주식투자에는 시간투자도 필요합니다.

이런 면 때문에 발생하는 부작용도 있습니다. 주식투자하는 이들 중 상당수가 (특히 초보일수록) 손에서 주식시세표를 놓지 못하게 됩니다. 이렇게 해서 얻는 수익과 회사일에 집중하지 못해서 받게 되는 불이익 중 어느 쪽이 클까요?

이런 이유로 저는 사회초년생은 주식투자에 신중히 접근했으면 좋겠습니다. 하더라도 단타매매는 피하고요. 단타를 하면 수익이 늘어날 것 같지만 더 중요한 부분을 놓치게 됩니다. 처음으로 돌아가 보죠. 사회초년생의 재테크는 '현금흐름'이 중요합니다. 그리고 투자 자금을 모으는 것이 중요하고, 습관이 중요합니다. 현금흐름의 핵심은 '수익의 안정화'입니다. 사회초년생에게 유일한 수익은 '월급' 입니다.

하루 종일 주식시세표를 보고 있으면 일에 집중하지 못합니다. 업무평가도 나빠지겠죠. 사회초년생이 주식투자에 몰입하는 것은 황금알을 낳는 거위의 배를 가르는 일일지 모릅니다. 주식투자를 쉽게 할 수 있다 해서 투자 자체를 쉽게 할 생각은 마세요!

욕심이 모든 것을 망칩니다. 그리고 욕심은 대개 '조급함'과 같이 옵니다. 사회초년생의 재테크에서 가장 경계해야 할 것이 바로 조급함이에요. 조금 더 천천히 가세요. 아직 살날이 한참 남았잖아요? 1~2년 빨리 가겠다고 서두르는 것은 5분 먼저 가겠다고 과속하는 것과 비슷합니다.

Tutorial
- 주식투자는 회사의 주식을 사고팔면서 이익을 보려는 것을 말한다.
- 주식투자로 이득을 보는 방법은 배당수익을 받는 것과 시세차익을 노리는 것 두 가지가 있다.
- 딱 한 가지, 주식이 언제 오르고 내리는지 알 방법이 없다는 점만 극복하면 주식투자 성공!

이름으로 풀어보는 주식 종류

뉴스를 보면 주식을 지칭하는 다양한 이름이 등장합니다. 특정 회사 이름이 나오는가 하면 회사 이름이 아닌 '묶음'으로 부르는 경우도 있고요. '묶음'으로 부를 때는 좋다는 건지 나쁘다는 건지 좀 애매합니다. 묶음의 뜻을 모르기 때문이죠.

그런 면에서 주식 분류를 반드시 알아야 할 필요는 없지만, 알아두면 유용합니다. 주식을 발행한 회사의 숫자는 엄청나게 많은데, 성격이 비슷한 회사들끼리 묶어서 설명하면 한결 편하겠죠. 같이 묶인 회사들은 주가도 비슷하게 움직이는 경향이 있거든요. 따라서 주가를 변화시키는 요인이 생겼을 때 분류가 같은 회사들은 비슷하게 움직일 거라는 예측이 가능합니다. 그래서 굳이 분류를 하고 언론에서도 분류로 설명하는 겁니다. 투자할 때에도 묶어서 이해하면 판단하기 더 쉬울 테니 익혀두시면 좋아요. 처음에는 공부한다는 자세로 익혀야겠지만 나중에는 자연스럽게 체득해야 합니다. 정확히 정의하지는 못해도 '자기만의 개념'으로 설명할 수는 있어야 해요. 그렇지 않으면 주식투자한다고 할 수 없습니다. 그냥 '감'으로 돈놀이하는 것과 별로 다르지 않아요.

회사 규모에 따라 : 대형주, 중형주, 소형주

느낌이 오죠? 크기에 따른 분류입니다. 회사 크기를 재는 방법은 여러 가지입니다. 매출(얼마를 버는지), 자본금(자기 돈이 얼마나 있는지) 등. 여기서의 기준은 시가총액입니다. 시가총액은 주식수와 시가를 곱한 값이니, 주식수가 많고 주가가 높으면 시가총액도 커집니다.

우리나라의 대표적인 대형주는 삼성전자, 현대차, SK하이닉스 등이 있어요. 검색하면 다 나옵니다. 흔히 대형주만 좋은 줄 아는데, 중형주나 소형주도 무시하면 안 됩니다. 다만 처음에는 대형주 위주로 투자하는 게 안전해요. 대형주는 등락폭이 크지 않거든요. 그만큼 안정적이라는 거죠. 안정적인 건 예측 가능하다는 뜻이기도 하고요. 우리는 투자하는 거지 '찍기' 하는 게 아니니, 사회초년생이라면 대형주 중심으로 투자할 것을 권합니다.

물론 대형주가 다 좋기만 한 건 아니에요. 대표적인 문제점은 비싸다는 겁니다. 종잣돈 넣어봐야 몇 주 못 살 수도 있어요. LG생활건강은 2020년 1월 기준으로 한 주에 140만 원이 넘습니다. 피눈물 나게 아껴서 종잣돈 1000만 원을 마련했다면, 7주 살 수 있네요!

사정이 이렇다 보니 중형주나 소형주 위주로 투자하기도 합니다. 코스피와 코스닥 중에 코스닥으로 가기도 하고요. 대형주를 사기 어려운 분들에게 개인적으로 추천하는 방법이라면, 본인이 좋아하는 브랜드를 만드는 회사 주식을 사라는 겁니다. 음식이든 옷이든, 그래도 내가 아는 브랜드니 생판 모르는 회사보다는 좀 낫겠죠. 본인도 좋아하고, 주위에 그 회사 제품을 쓰는 사람도 많다면 주식이 오를 가능성이 있는 겁니다. 본격적인 분석은 못하겠다면 적어도 '관찰'과 '경험'에 의한 판단을 하셔야 합니다. '감'으로 찍지 마시고요.

회사의 가치에 따라 : 가치주, 성장주

주가는 회사의 가치라고 했죠. 그럼 회사의 가치가 어떻게 될지에 따라서도 주식을 분류할 수 있겠군요. 이것을 표현하는 용어가 '가치주'와 '성장주'입니다. 기준이 명확한 공식분류는 아니어서 증권사나 언론사마다 구체적인 구분은 조금씩 차이가 있습니다.

'가치주(價値株, value stock)'는 개념적으로만 말하면 현재가치에 비해 저평가된 주식을 뜻합니다. 약간 억지스럽게 비유하자면 조건은 좋은데 애인이 없는 사람이라 할까요? 뜯어보면 외모도 괜찮고(자산이 튼튼해) 벌이도 좋고(매출이 좋아) 성격도 원만한데(회사구조도 좋아) 애인이 없네(가격이 낮네)? 이런 주식을 가치주라 부릅니다. 이럴 때 어떻게 해야겠어요? 붙잡아야죠! 사면 됩니다.

대신 이런 유의 주식은 드라마틱한 수익률은 기대하기 어려워요.

주식시장에는 수많은 사람들이 눈에 불을 켜고 상품을 찾기 때문에, 이런 주식이 있더라도 상대적으로 조금 낮은 정도이지 헐값은 아니에요. 그래서 보수적인 사람들이 선호하는 편입니다.

반면 '성장주(成長株, growth stock)'는 현재는 그저 그렇지만, 앞으로 매우 크게 성장할 거라고 기대되는 주식입니다. 역시 무리수에 가까운 비유를 하면 '긁지 않은 복권' 같은 주식이에요. 말 그대로 엄청난 수익을 기대할 수 있어요. 헐값일 수도 있고요. 하지만 문제는? 애초에 잘못 판단했을 가능성이 있습니다. 긁어보니 꽝인 복권인 거죠.

목적에 따라 : 테마주, 작전주

'테마주'는 주로 정치나 사회 이슈에 맞물려서 움직이는 주식을 가리킵니다.

무리수 비유를 계속해볼게요. 외계인이 지구에 와서 "머리카락이 녹색인 사람에게만 금덩이를 주겠다"라고 말했어요. 그럼 다들 녹색 머리를 하려고 난리가 나겠죠? 우선 염색약을 판매하는 회사의 가치가 급격하게 올라갈 테고, 염색약 원료를 납품하는 곳이 같이 뜰 것이고, 빠르게 염색할 수 있는 헤어숍이 북적일 거고, 아무튼 '녹색 머리'와 연관되는 곳들의 주식이 쭉 올라가겠죠.

이렇게 특정 이슈에 민감하게 반응하는 것이 테마주입니다. 이런 일이 실제 있냐고요? 녹색 머리 이슈는 말이 안 되지만, 테마주 이슈는 실제로 드물지 않습니다. 단적인 예로, 대통령 선거철이 되면 유력 후보 이름이 붙은 테마주가 기사에 많이 나와요. 남북 분위기가 좋아지면 당장 '남북경협(남북한 경제협력)' 관련주가 들썩이잖아요?

반대로 '작전주'라는 게 있습니다. 회사의 실제 가치와는 전혀 상관없이 남의 돈을 끌어들여서 먹고 튀는 거예요. 실제로는 돈이 전혀 없는 사람인데 포토샵 합성과 온갖 가짜 뉴스를 만들어, 엄청난 부를 상속받는 귀족의 후예라고 포장하는 겁니다. 그러면서 나와 결혼해주면 모든 재산을 주겠다고 말하고 다녀요. 누군가 낚이면, 그 사람의 재산을 탈탈 털어먹고 도망가는 거죠.

작전주는 그냥 사기예요. 주변에서 "너에게만 말해주는 건데, 사실은 어쩌고저쩌고… 그러니 한번 해봐"라고 말하는 것 중에는 작전주도 섞여 있으니 조심해야 합니다.

이외에 많이 듣게 되는 용어로 '우량주'가 있어요. 말 그대로 우수하고 양호한 주식으로 '블루칩'이라고도 하죠. 우선적으로 수익을 더 챙겨주는 '우선주'도 있지만 우리나라에서는 그다지 우선 대우받는 느낌은 없더라고요. 현금배당 대신 주는 주식은 '배당주'라 하는데, 현재 주가에 비해 배당하는 금액이 커서 수익 내기에 유리합니다. 이것 말고도 여러 가지 용어가 있는데 이 정도만 알면 충분할 겁니다. 나머지는 당신의 노력과 실전 경험으로 익히는 거예요.

주식투자를 위한 3가지 준비물

배경 설명을 너무 오래 한 것 같네요. 이제는 주식투자를 위해 알아야 할 것들을 다뤄보겠습니다. 사람들이 말하는 투자비법은 공략법에 해당할 텐데, 이미 여러 번 강조했듯이 이 책에서는 공략법은 다루지 않을 겁니다. 그럴 능력도 없고요. 철저히 사회초년생들을 위한 조작법(tutorial) 설명을 목표로 달려보겠습니다.

먼저 주식투자를 위한 준비물을 알려드릴게요. 제가 소개할 준비물은 3가지입니다. 두 가지는 보통 다 준비하던데, 한 가지는 그렇지 않더라고요.

첫 번째 준비물은 돈(=투자금).

얼마가 필요할까요? 다다익선이라고 많을수록 좋을까요? 아니면 전설을 써나갈 것이니 단돈 30만 원 정도로 시작해볼까요? 마음대로입니다. 얼마가 있어야 한다는 기준 같은 건 없어요. 그래도 필요하다면 이것입니다.

'다 날려도 치명적이지 않은 만큼'까지만 됩니다.

날아간 돈만 생각하면 심장이 벌렁벌렁, 뒷골이 시큰시큰, 잠은 안 오고 밥맛도 없어 쭈글쭈글해지고, 짜증이 늘고, 업무시간에 딴 생각이 자꾸 들고, 갑자기 사회가 미워진다, 이 정도가 투자할 수 있는 최고치예요. 그 이상은 안 됩니다. 알겠죠? '날려도 속은 많이 쓰리겠지만, 크게 티나지 않게(전혀 티나지 않을 수는 없어요) 극복할 수 있는 금액'이 당신이 투자할 수 있는 최고 금액입니다. 반대로 당신의 인생이 드라마틱하게 변하거나 주위 사람에게 큰 손해를 끼치는 정도의 투자는 절대 금물입니다.

예를 들어 이사를 갈 예정이에요. 그런데 어떤 이유로든 전세금을 미리 받아서 한 달 정도 시간을 벌었다고 해봐요. 한 달 놀리면 뭐하나 싶어서 그 돈으로 주식투자를 하지는 말라는 겁니다. 잘못하면 삶의 기본 터전이 없어져요.

마찬가지로 등록금 낼 돈으로 주식투자해서 용돈 벌어볼 생각, 절대 하지 마세요. 공부해야 할 시기에 신용불량자가 될 수 있어요.

투자를 해서 큰돈 만진 지인이 좋은 종목이 있다며 추천해줬는데 하필 수중에 돈이 없다고 부모님과 친구들에게 돈을 빌려서 투자하는 짓, 절대 하지 마요. 길어야 3개월 후면 충분히 갚을 수 있을 것 같죠? 집안이 다 같이 망해요. 망할 거면 그냥 혼자 망하세요. 주위 사람까지 늪으로 끌어들이지는 말자고요.

두 번째 준비할 것은 증권계좌.

주식을 사려면 증권 전용계좌가 있어야 합니다. 은행이나 증권사에서 만들 수 있고, 앱으로도 만들 수 있습니다. 직접 사람을 만나지 않아도 됩니다. 좋은 세상인지 무서운 세상인지 모르겠습니다. 처음 시작이라면 모바일 앱으로 만드는 것이 가장 간단합니다.

어느 증권사의 어느 프로그램이 좋을까요? 오래 알아볼 필요 없습니다. 포털에 검색하면 대개 이런 기준을 알려줄 거예요.

○ 수수료 싼 것 : 이건 좀 중요하지만, 이걸 고르느라 시간 들이지는 마세요. (무료가 좋겠죠?)
○ 편의성이 좋은 것 : 처음 하는 당신에겐 별로 중요하지 않습니다. 어차피 다 어려울 테니.
○ 안정성이 높은 것 : 들어본 적 있는 증권사 거 하세요. (증권사 이름을 들어본 적 없으면 그냥 저금하세요. 제발 주식투자 말고 일단 저금!)

어디가 좋은지 검색하고 주변에 물어보면 온갖 종류의 이야기를 해줄 겁니다. 아주 혼란스럽죠. 더 혼란스럽고 싶다면 점심시간에 증권사 방문해보세요. 아주 즐겁게 혼란해질 겁니다. 그러니 너무 오래 검색하지 말고 일단 개설하세요. 어느 정도 주식투자에 익숙해지면 자신에게 최적화된 프로그램을 찾을 수 있습니다. 그때 바로잡아도 늦지 않으니 일단 시작!

앱 깔고 비대면 계좌개설(어려운 말 같지만 상담사 만나지 않고 모바일에서 한다는 뜻)을 하면 자연스럽게 증권계좌와 거래할 수 있는 MTS(Mobile Trading System)가 생깁니다.

이제 주식투자를 위한 준비가 끝났습니다.

세 번째 준비물은 주식에 대한 학습과 정보.

이걸 잘 안 하더라고요! 어떤 주식이 좋을지, 왜 좋아 보이는지 같은 건 고민도 안 합니다. 그냥 주위 사람 말만 듣고 정하죠. 엄청 많이 공부하라는 것도 아닙니다. 딱 한 가지만 부탁할게요.

주식을 사고팔 때 '왜?'라는 질문에 대한 답을 어디에든 꼭 적어두세요.

당신의 피 같은 돈을 넣었다 빼는데 '왜'라는 질문에 스스로 물어보고 답할 수는 있어야 하지 않겠어요? 어떤 사람을 좋아하는 거라면 '그냥'이라고 답해도 낭만적이지만, 주식투자할 때 '그냥'은 무책임이에요. 아니면 자기 돈을 아무 이유 없이 사회에 환원하겠다는 성인군자거나. 당신은 성인도 아니고, 빌 게이츠처럼 사회환원을 위해 크나큰 재단을 설립한 사람도 아니잖아요. 그러니 고민을 해야 돼요.

이유를 길게 쓸 필요는 없습니다. '그냥'이란 말만 쓰지 마요.

'기분이 울적해서' 같은 것도 말고요! 말이 안 되는 것 같더라도 사실에 기반한 내용을 쓰세요. '우리 팀 사람들이 모두 스벅에 가지 않았다 → 커피 주가가 떨어질 것 같다' 이런 건 그나마 말 되네요. '내 입에 커피가 쓰다 → 커피 주가가 떨어질 것 같다' 이건 말이 안 돼요! (당신이 커피 원두를 감별하는 세계 최고 권위자라면 모르겠지만.)

3가지가 준비되었으면 이제 주식 사고팔러 떠나봅시다!

Tutorial

○   주식투자에 필요한 3가지 준비물

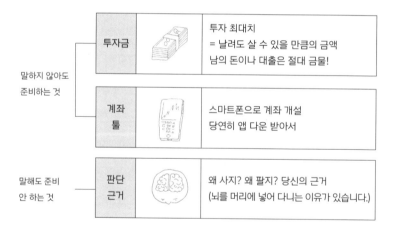

말하지 않아도 준비하는 것	투자금		투자 최대치 = 날려도 살 수 있을 만큼의 금액 남의 돈이나 대출은 절대 금물!
	계좌 툴		스마트폰으로 계좌 개설 당연히 앱 다운 받아서
말해도 준비 안 하는 것	판단 근거		왜 사지? 왜 팔지? 당신의 근거 (뇌를 머리에 넣어 다니는 이유가 있습니다.)

주식투자 1단계 : 증권 앱 화면을 해독해보자

지금까지 했던 내용을 복습해볼까요?

○ 주식투자는 대개 시세차익을 얻는 것을 말한다.
○ 주식 투자하려면 '돈 + 프로그램 + 나만의 시각'이 필요하다.

이제부터 설명하는 내용을 읽으려면 증권사 앱 하나씩은 다운로드하고 계좌도 개설해놓은 상태여야 합니다. 그리고 주식투자를 한 번도 해본 적 없는 사람들이 대상이에요.

이제부터 증권사 앱 화면을 보며 설명할게요. 증권사 앱 메뉴가 다 똑같지는 않아서 설명하는 기능이 당신의 앱에는 없을 수도 있지만, 대부분은 있을 거예요. 완전 기초니까. 제가 참고한 화면은 NH증권의 '모바일 증권 나무'라는 앱입니다.

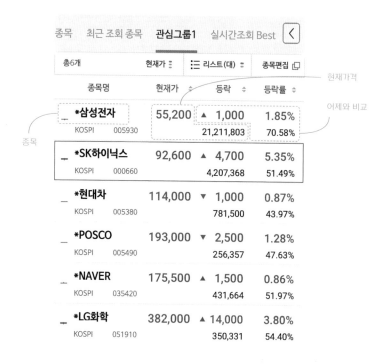

화면 중에 아는 내용이 하나라도 있나요? 그럼 다행인데 하나도 없다면… 미안한데 지금이라도 안 늦었어요. 그냥 주식투자하지 말고 저금할래요?

- ○ 종목 : 어떤 주식인지 설명해주는 꼬리표
- ○ 현재가격 : 지금 주식의 가격
- ○ 파란 색 : 떨어지는 주식
- ○ 어제와 비교 : 주가는 항상 변하는데 어제 '종가' 기준으로 비교한 것

자, 이제부터 삼성전자를 예로 들어 하나씩 해독해볼게요.

삼성전자 : 회사 이름! 더 설명할 거 없죠?

KOSPI : 우리나라의 주식시장은 크게 두 가지라고 보면 됩니다.
하나는 KOSPI(코스피), 또 하나는 KOSDAQ(코스닥). 두 시장의 차이
점은 쉽게 프로야구의 1부 리그, 2부 리그라고 생각하시면 됩니다.
KOSPI(Korea Composite Stock Price Index)는 '종합주가지수'라고도 불러
요. 단, 이 화면에서의 의미는 종합주가지수가 아니라 증권거래소
에 상장된 종목이라는 표시입니다.

005930 : '종목 코드'예요. 주식투자할 때 '삼성전자'라고 검색하
면 '삼성전자우'도 나와요. '우선주'를 뜻하는 '우'입니다. 이 둘은 엄
연히 다른 상품이에요. 기업 이름이 아주 비슷한 경우도 있고요. 그
래서 헷갈리지 않도록 각 종목별로 코드를 부여한 겁니다.

55,200 : 현재 해당 주식의 시세입니다. 한 주에 5만 5200원이라
는 뜻이에요.

▲ / 빨간색 : 어제보다 오른 종목이란 뜻입니다. 어제보다 떨어
지면 파란색이고요.

21,211,803 : 거래된 주식수예요. 오늘 현재까지 이만큼 거래되었다는 뜻입니다. 당연히 숫자는 계속해서 증가하겠죠. 이 숫자는 이른바 '유동성'을 나타내는 지표이기도 합니다. 유동성은 '흐름의 정도'라고 생각해주세요. 이게 왜 중요하냐면, 쉽게 현금화할 수 있는지 알 수 있거든요. 흐름의 정도가 많다면 '유동성이 좋다'고 얘기하고, 유동성이 좋으면 거래가 활발하니 현금화가 쉽습니다. 현금화하기 어렵다면 주가가 높아도 실제로 돈을 만들기는 어려워요.

1,000 : 어제 종가 대비 오른 금액이에요. 어제보다 1000원 올랐다는 거죠. 굳이 '종가'라 하는 이유는 주식 시세가 계속 변하기 때문이에요. 그래서 기준이 필요하고, 가장 마지막에 거래된 금액을 기준으로 잡는 거죠.

1.85% : 위에 있는 숫자(1000원)를 백분율로 환산한 거예요. 즉 어제보다 주식 가격이 1.85% 올랐다는 뜻입니다. 1000원이 올랐다는 것만으로는 엄청나게 오른 건지 파악하기 어려워서 상승률을 표시한 겁니다. 주식을 많이 가진 큰손이라면 민감하겠지만 소액투자자면 크게 신경 쓸 필요는 없어요. 그냥 '얼마 벌었다'라고 말해도 되고 '몇 퍼센트 올랐다'고 해도 돼요. 나중에 본격적으로 주식투자를 하게 되면 그때 어느 쪽이 더 편리할지 알게 될 겁니다.

70.58% : 어제 체결된 전체 물량 대비 현재 시점 거래량 비율입니다. 어제보다 거래가 활발한지 아닌지 알 수 있겠죠.

그럼 실제로 해석을 해볼까요? 당신이 어제 종가에 삼성전자 10주를 사서 오늘 화면에 적힌 가격에 팔았다면 얼마를 벌었을까요? (세금 및 수수료 등 모든 비용이 없다고 가정.)

오래 걸리면 안 돼요. 답은 1만 원입니다.

○ 어제 종가 대비 오른 가격 = 1000원

○ 내가 가지고 있다가 판 주식 수 = 10주

○ 내 수익 = (오른 가격) 1000원 × (판 물량) 10주 = 10,000원

앞의 주식 중 현대차를 어제 종가에 20주 가지고 있다가 오늘 화면에 적힌 가격에 팔았다면? 이번엔 2만 원 손해입니다.

○ 어제 종가 대비 빠진 가격 = -1000원

○ 내가 가지고 있다가 판 주식수 = 20주

○ 내 수익 = (빠진 가격) -1000원 × (판 물량) 20주 = -20,000원

주식투자 2단계 : 종목 시세화면 이해하기

증권사 앱을 다시 켜봅시다. 이번에는 종목 시세화면을 볼 거예요. 그림은 삼성전자 종목입니다. 정보가 너무 많죠? 여기서는 핵심적인 것 먼저 보겠습니다. 크게 다음의 4가지 항목입니다. 나머지는 더 깊이 있는 분석이나 투자를 위해 필요한 내용이라고 생각하면 됩니다.

○ 종목 요약 : 해당 종목에 대한 요약

○ 호가 : 부르는 가격

○ 고가와 저가 : 체결된 가격 중 높은 가격과 낮은 가격

○ 비싸게 팔거나 싸게 사겠다는 사람들의 가격과 물량

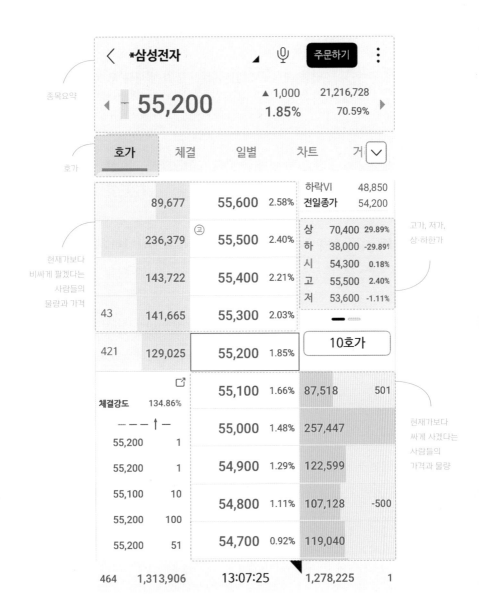

종목 요약

가장 위에 있는 칸은 종목 요약입니다. 충분히 해석할 수 있는 내용이죠?

○ 삼성전자

○ 현재 가격은 5만 5200원

○ 어제보다 1000원 올랐고(1.85% 상승)

○ 현재 체결된 물량은 2121만 6728주(어제 체결된 물량 대비 70.59%)

호가

그다음에 볼 내용은 현재가 아래 '호가'라고 되어 있는 부분입니다. 가격 관련 용어가 많이 나오니 이참에 산난히 성리해봐요.

호가(呼價) : '얼마에 살래(팔래)'라고 부르는 가격. 부동산에서도 많이 쓰여요. '호가만 높고 실제 매매는 없다' 같은 기사 보셨죠? '팔려는 가격은 높게 형성되어 있지만, 사려는 사람이 없어서 거래가 이루어지지 않는다'는 의미입니다. 주식투자할 때 호가를 보면 내가 얼마를 불러야 할지 가늠할 수 있어요. 현재가는 비싸게 팔겠다는 호가와 싸게 사겠다는 호가가 일치하는 가격이 됩니다.

상한가 및 하한가 : 주가가 하루에 최고로 오르거나 내릴 수 있는

가격입니다. 위아래로 각각 30%까지 변동 가능합니다.

고가(高價) : 오늘 체결된 거래 중 가장 높은 금액입니다. 주가가 빠졌다면 '고가에 산 사람 = 바보'라는 걸 인증하는 거죠.

저가(低價) : 오늘 체결된 거래 중 가장 낮은 금액입니다. 주가가 올랐다면? '저가에 산 사람 = 부러운 사람'이 되겠죠. 주가가 계속 빠지면 저가도 점점 낮아지고, 주가가 계속 오르면 고가도 따라서 바뀝니다.

시가(始價) 및 종가(終價) : 맨 처음 체결된 가격과 맨 마지막에 체결된 가격.

비싸게 팔겠다!

이번에는 가운데 파란색 부분을 보겠습니다. 앞에서 보았듯 현재 이 주식의 가격은 5만 5200원입니다. 그런데 이 칸에 적힌 금액은 다 거래가격보다 높네요. 이쯤이면 이 표가 뭘 뜻하는지 알겠죠? 비싸게 팔겠다는 사람들입니다.

파란색 맨 아랫줄을 보면 5만 5200원에 팔겠다는 '호가'가 있습니다. 왼쪽에 있는 파란색과 숫자는? 12만 9025주의 물량이 대기 중이라는 뜻이에요. 그 위로 100원 단위로 금액이 올라가죠? 그 옆에 대기물량이 표시돼 있고요.

실제 화면은 그림처럼 정지 상태가 아닙니다. 바닷가에서 파도가 쉼 없이 움직이는 것처럼 숫자들이 움직여요.

싸게 사겠다!

비싸게 팔려는 사람이 있으면 싸게 사려는 사람도 있겠죠? 파란색 아래 빨간색 칸을 보면 5만 5100원부터 100원 단위로 주르륵 내려가고 있어요. 그림 맨 아랫줄에 있는 파란색과 빨간색 숫자는 팔려는 사람과 사려는 사람들의 물량을 각각 더한 값이고요.

주식을 사고파는 데에도 순서가 있다

주식시장에는 많은 투자자가 들어오기 때문에 거래가 이루어지는 원칙을 정해두었습니다. 매매체결 기준이라 하는데, 알아두면 참고가 될 거예요.

첫째, 가격 우선. 낮은 가격으로 팔겠다는 사람이나 높은 가격에 사겠다는 사람의 주문이 먼저 체결된다는 원칙입니다. 당연한 말이죠? 궁금하면 현재 가격보다 훨씬 비싸게 사겠다고 해보세요. 빛의 속도로 거래가 체결될 겁니다.

둘째, 시간 우선. 이것도 쉽죠? 같은 가격이라면 먼저 주문한 사람에게 기회를 준다는 뜻입니다.

셋째, 수량 우선. 같은 가격, 같은 시간에 주문이 나왔을 경우 수량이 많은 쪽에 기회가 돌아가요. 1주 사거나 팔겠다는 사람보다 10주나 100주 주문하는 사람에게 먼저 기회를 주는 거죠. 개인투자자보다는 기관투자자들에게 유리하다는 말입니다. 치사하면 많이 투자하세요!

넷째, 위탁 우선. 위탁해서 거래하는 사람의 거래자 주문이 우선이에요. 증권사를 통해 주식 주문하는 사람을 위탁거래자라고 하는데, 그냥 모든 사람이 해당된다고 생각하면 됩니다. 중요한 원칙은 아니에요.

생각해보면 당연하죠. 가격을 가장 먼저, 그다음 시간 순서, 그리고 수량.

자, 여기까지 읽었으면 실습 한번 해보시기 바랍니다. 증권사 앱을 열어서 관심 있는 종목의 시세표를 보세요. 다이내믹하게 변하는 시세는 주식 장이 열려 있는 동안만 볼 수 있어요. 그렇다고 업무시간에 자기 자리에서 보지는 말고, 화장실 갈 때 잠깐 열어보세요. 뭐가 어떻게 돌아가는지 몰라도 1분 이상은 꼭 보세요!

주식투자 3단계 : 사고팔기

드디어 주식 사고파는 법입니다. 오랜 시간을 들여서 여기까지 왔네요. 이번에도 핵심만 간단하게 설명하겠습니다. 세상에 공짜는 없고, 돈 버는 거 결코 쉽지 않습니다.

일단 이 세계 용어부터 익히고 넘어갈게요. 온통 헷갈리는 말들이지만, 알아야 합니다. '전문적인 어른'은 다 이 말을 쓰거든요.

- 매도(賣渡, sell) : 파는 겁니다. 국어사전을 보면 '값을 받고 물건의 소유권을 다른 사람에게 넘김'이라고 나오지만, 그냥 '팔기'로 기억하면 됩니다. 참고로 "날 그런 식으로 매도하지 마!"라고 할 때 매도(罵倒)와는 다른 말이에요.
- 매수(買收, buy) : 사는 겁니다. "돈으로 날 매수할 수 있을 것 같냐?"라고 할 때 그 매수 맞아요.

주문을 내어보자!

종목 요약

계좌정보

주문(Buy)하기

시세

<table>
<tr><td colspan="2">＜ *삼성전자 ◢ 현재가 ⋮</td></tr>
<tr><td>55,200</td><td>▲ 1,000</td><td>21,338,028</td></tr>
<tr><td></td><td>1.85%</td><td>71.00%</td></tr>
<tr><td>KOSPI 005930</td><td colspan="2">증30 담140 신 제한없음</td></tr>
</table>

평생무료 ▼ | 거래 비밀번호 ✓ 저장

매수 매도 정정/취소 체결/미체결 잔고

호가	잔량 ◢
55,600 2.58%	89,863
55,500 2.40%	238,251
55,400 2.21%	154,294
55,300 2.03%	159,668
55,200 1.85%	151,486
55,100 1.66%	88,276
55,000 1.48%	243,886
54,900 1.29%	120,599
54,800 1.11%	106,190
54,700 0.92%	118,127

현금 신용

보통가(지정가) ▼ | ✓ 단일가

— 주 ＋

— 55,200 원 ＋

☐ 현금가능 | 가능 ↗

신용가능(예상) 496,665원

주문금액 원 ⓘ

CMA-RP 전액매도 | 매수주문

몇 번 주식을 사고팔다 보면 익숙한 화면이 될 겁니다. 하지만 우리는 아직 초보이므로 약간의 설명을 덧붙여보겠습니다.

○ 종목 요약 : 앞에서 많이 봤죠? 내가 사려고 하는 종목에 대한 요약입니다.

○ 계좌 : 본인 계좌정보입니다.

○ 시세 : 이미 알고 있죠? 현재가와 호가, 그리고 시장에 나와 있는 물량(주식 수량)입니다.

드디어 주문입니다.

맨 아래 오른쪽에 커다란 빨간색 '매수주문' 버튼 보이시죠? 지금 당신은 삼성전자 주식을 사려고 하는 겁니다.

매수주문 위에 '현금'과 '신용' 구분이 있습니다만, 신용은 쳐다보지도 마세요! 공포영화에 늘 나오는 플롯이 있죠. "이 집에서 이 방만은 들어가면 안 된다!"라고 경고했는데도, 주인공 또는 주인공의 망할 친구는 꼭 그 방문을 열고 온갖 모험을 겪습니다. 분명히 말할게요. 당신은 주인공이 아니에요. 그러니 '신용'은 쳐다보지 마세요. 신용의 문을 열면 공포영화 주인공의 친구와 같은 고통을 겪게 될 겁니다.

신용은 돈 빌려서 주식 사는 거예요. 사회초년생이면 절·대·하·지·마·요!

우리는 오직 '현금'으로만 하는 겁니다. 당신 계좌에 들어 있는 돈으로만!

'현금'을 체크하면 당신이 살 수 있는 주식수와 금액이 딱 떠요.

아름답죠? 그 한도 안에서 '보통가(지정가)'로 사면 됩니다. 지정가에서는 당신이 금액을 조절할 수 있어요. (+- 버튼을 누르면 됩니다.)

수량과 금액을 지정하면 아래에 합산금액이 자동으로 계산돼 나올 겁니다. 처음 하는 거라면 1주만 해보세요. 창피할 것 없어요. 지금은 연습하는 거니까.

그러고 '매수주문'을 누르면 끝.

사겠다고 한 주문이 처리돼서 거래가 완료됐는지 확인하려면 상단의 '체결/미체결' 메뉴에 가보면 됩니다. 1주 주문하고 나서 기다려보세요. 언제 체결되는지. 당신이 시장가보다 높게 사겠다고 했으면 금방 체결될 거고, 시장가보다 낮게 사겠다고 했으면 금방 안될 거예요.

샀으니 팔아보자!

매도주문의 화면구성 및 진행순서는 매수주문과 똑같습니다 (190쪽 참조). 딱 하나, '현금'과 '신용' 버튼 옆에 '대출매도'라는 게 있네요. 알려고 하지 말고 머릿속에서 지우세요. 우리는 오로지 현금만 쓰는 겁니다.

팔겠다고 주문을 낸 다음에는 마찬가지로 '체결/미체결' 항목에 가서 팔렸는지 확인하면 됩니다.

주문(Sell)하기

주식으로 돈 벌기 위해 더 알아야 하는 것들

이제 우리는 드디어 주식을 사고팔 수 있게 되었습니다. 그런데 문득 이런 의문이 생깁니다.

사람들은 무엇을 보고 주식을 사고팔까요? 감? 느낌? 설마 그건 아니겠죠.

이제부터 주식매매 때 살펴봐야 할 것들을 간략히 알아보겠습니다. 봐야 할 것이 참 많아요. 그 많은 걸 다 설명하는 건 당신이나 저나 피차 부담이잖아요? 다행히 증권사 앱 화면을 보면 종목요약 아래 참고자료로 쓸 만한 것들이 있습니다. 이 메뉴 중심으로 간략히 설명할게요. 핵심은 주가가 오르내리는 '흐름'을 파악하는 겁니다. 여기서부터는 진정한 주식투자자의 세계입니다. 저는 문 앞까지만 데려다줄 테니 문을 열고 들어갈지 말지는 스스로 판단하고 결정하세요. 인생 혼자 사는 겁니다.

체결

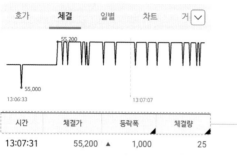

시간	체결가	등락폭	체결량
13:07:31	55,200 ▲	1,000	25
13:07:30	55,200 ▲	1,000	10
13:07:30	55,200 ▲	1,000	1
13:07:30	55,200 ▲	1,000	5
13:07:28	55,200 ▲	1,000	1

○ 시간 : 체결된 시간이겠죠? 벌써 거래가 꽤 많이 이루어졌네요.

○ 체결가 : 사고판 가격 (위의 그래프 역시 체결가를 보여주는 거예요.)

○ 등락폭 : 어제 대비 오르고 내린 가격입니다.

○ 체결량 : 거래 수량. 5주, 10주 정도니 당신도 할 만하죠?

이 메뉴에서는 전체적인 시장의 흐름을 볼 수 있습니다. 시장이 어떤 식으로 움직이고 있는지, 서로 치고받고 있는지 아니면 한쪽으로 쏠리는지, 그리고 개미가 움직이는지, 기관이 움직이는지 등을 알 수 있어요.

일별

일자	종가		등락폭	전일대비	거래량
20/03/02	55,200	▲	1,000	1.85%	21,220,536
20/02/28	54,200	▼	1,700	3.04%	30,054,227
20/02/27	55,900	▼	600	1.06%	23,209,541
20/02/26	56,500	▼	1,400	2.42%	25,483,102

이 메뉴에서는 드디어 그래프가 나옵니다. 일단위 시세 1년 치를 보여줘요. 빨간색과 파란색 숫자는 알겠죠? 각각 1년 동안의 최고가와 최저가입니다.

○ 매매 : 사고판 것

○ 신용 : 돈 빌려서 사고판 것

○ 공매도 : 가격 하락을 예상하고 주식을 빌려서 파는 것. 주식을 가지고 있지 않은 채로 하기 때문에 '공(空)'이에요. 기관이 하는 겁니다.

○ 대주 : 공매도와 거의 같은데 개인이 하는 것 (당신은 하지 마세요! 저도 안 해서 몰라요!)

신용, 공매도, 대주 다 그런 게 있다고만 알아두세요. 직접 해볼 생각은 하지도 말고요. 흐름만 참고하면 됩니다. 이것을 보는 이유 역시 전체적인 흐름을 파악하기 위해서예요. 이 주식이 상승세인지 하락세인지, 많이 거래되는지 등을 알 수 있습니다.

차트

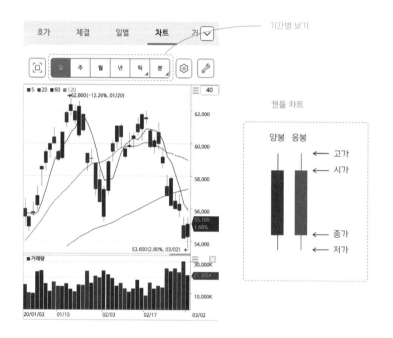

차트는 매우 중요합니다. 그중에서도 '캔들 차트(Candle Chart)'가 중요해요. 모양이 촛대처럼 생겼다고 해서 캔들 차트입니다. 모양을 보면 해당 기간 동안 주가가 어떻게 움직였는지 한눈에 파악할 수 있어요. 몸통의 위아래에 삐죽 나온 선이 보이기도 하고 안 보이기도 하네요. 몸통은 시가와 종가, 삐죽 나온 것은 고가와 저가, 이게 다예요. 간단하죠? 이걸 가지고 온갖 분석을 하는 겁니다.

아, 색깔 얘기를 안 했네요. 빨간색 막대기는 '양봉'이라고도 하는데 플러스 방향이라는 뜻입니다. 파란색 막대기는 반대이고요. 주가가 하락해서 마이너스 방향으로 만들어졌다고 해서 '음봉'이라고 불러요. 차트분석 기법만을 다룬 책들도 많으니 궁금하면 공부!

차트는 기간별로 다양하게 살펴볼 수 있는데요. 앞의 그림에서 분류 단위가 나오죠? 다 아는 겁니다. 딱 하나 '틱' 빼고요.

틱은 주가가 움직이는 최소 단위를 의미합니다. 대부분의 주가는 1원 단위로 움직이지 않아요. 예시로 든 삼성전자 주식은 50원 단위로 움직입니다. '틱'으로 기준을 설정하면 변동 단위별로 움직이는 모양을 볼 수 있습니다. 지금 당장은 틱이 뭔지 몰라도 됩니다. 그냥 '일별 변동'이라도 꾸준히 보는 정도면 충분해요. 그래도 궁금하면 '주식 틱' 검색!

거래원

말 참 어렵죠. 거래원? 중국집 이름도 아니고. 가장 많이 거래한 곳이 어디인지 보여주는 겁니다. 당연히 개인보다 투자사가 많겠죠? 메뉴를 눌러보니 회사들 이름이 줄줄이 나옵니다. '투자사=개인 아님=기관투자' 이렇게 생각해두세요.

| | 가 | 체결 | 일별 | 차트 | 거래원 | ✓ |

매도량	매도상위	매수상위	매수량
2,938,683	UBS	한 화	2,238,783
2,226,216	한 화	키 움	2,008,377
1,829,821	메릴린	미래에	1,834,487
1,340,321	키 움	NH투자	1,514,563
1,278,779	eBEST	eBEST	1,417,429
9,613,820	합계		9,013,639
6,967,406	외국계 추정합		159,282

많이 판 곳 (수량) — (좌측)
많이 산 곳 (수량) — (우측)

시간	매도량	상위이탈	상위이탈	매수량	시간
12:56	1,251,623	JP모간증권	삼성증권	940,293	11:27
11:25	881,729	미래에셋대우	CLSA코리아증권	159,282	09:05
10:31	639,746	노무라증권	DB금융투자	103,045	09:02
09:18	307,533	CLSA코리아증권	메리츠종합금융증권	83,285	09:00

○ 파란색 칸은? 판 회사

○ 빨간색 칸은? 산 회사

○ 검은색 글씨는? 우리나라 회사. 그럼 파란색과 빨간색 글씨는? 외국계

　이 메뉴는 기관투자자들이 어떻게 움직이는지 보는 겁니다. 실제 주식시장을 움직이는 큰손들은 죄다 기관투자자들이고, 그중에서도 외국계 회사들의 방향이 중요해요. '기관투자자들이 대량 매도한 시장을 개미가 떠받치는 형국' 이런 뉴스 보셨죠? 기관투자자들

은 주식을 엄청 팔았고, 개미(일반투자자)들이 죄다 사 모았다는 뜻입니다.

투자자

거래원을 비슷한 부류끼리 묶은 것으로 보면 됩니다. 외국인은 외국계, 개인은 개인, 기관계는 기관들의 묶음. 세부정보를 누르면 투신사인지 보험, 은행, 연기금, 사모펀드, 국가지자체인지 등을 알 수 있습니다. 그냥 이렇구나 하고 넘어가도 돼요. 보험사와 은행은 아실 테고, 연기금의 대표는? 네! 국민연금. 사모펀드는 잘 몰랐지만 최근에 많이 알려졌죠? 공개적이지 않게 자본을 모은 펀드입니다. 제가 5장에서 말한 펀드는 다 '공모펀드'라고 생각하시면 됩니다. 공개적으로 모집한 펀드!

뉴스/공시

지금까지는 주식매매를 중심으로 주가의 흐름을 봤는데, 이번엔 왜 그렇게 움직였을지 추정할 수 있는 내용입니다. 뉴스는 다 아실 텐데, 공시는 뭘까요? 공시는 주주가 꼭 알아야 하는 내용을 '공식적으로 알려주는 것'입니다. 법적으로 반드시 하게 돼 있어요. 그런데 주가가 떨어질 것 같은 내용은 일부러 늦게 알리거나, 잘못된 정보를 올리기도 하니 주의해야 합니다. 내 돈이 들어갔으니 잘 읽어봐야겠죠.

지금까지 우리는 주식거래가 어느 가격에 체결됐는지, 누가 샀는지, 주식시장이 어떻게 움직였는지 등에 대해 대략적인 것을 알아봤습니다. 분명히 간략하게 보겠다고 했는데, 아직 볼 게 많아요. 좀 더 힘을 내봅시다.

종목 상세

각 종목을 세부적으로 보는 것입니다. 여기서 봐야 할 것들도 적지 않습니다.

트	거래원	투자자	뉴스/공시	종목상세 ∨	
현재가	55,200	전일종가	54,200		
액면가	100	대용가	42,270		
5일고가	58,100	5일저가	54,200		주가
20일고가	62,000	20일저가	54,200		
52주 최고	62,800	52주 최저	40,850		
상장일	1975.06.11	공모가	0		
상장주수	5,969,782,550	추가상장	0		회사일반
시가총액(억)	3,295,320	자본금(억)	7,780		
순이익(분기)	2019.12	순이익(억)	217,388		
PER	17.12	EPS	3,165원		
PBR	1.45	BPS	37,528원		가치평가
EV/EBITDA	6.60	ROE	8.69%		
외국인지분률	56.62%	신용잔고비율	0.07%		지분율 등
배당금	1,416원	배당수익률	2.54%		
전망	NH투자증권		시장평균		
투자의견	매수		매수		
투자의견점수	4.00		3.95		

○ 주가 : 주식 가격이 어떻게 움직였는지

○ 회사 일반 : 이 회사가 잘되는 회사인지, 영업은 잘하는지

○ 가치평가 : 주식투자하는 사람들이 보는 여러 가지 지표들

○ 지분율 등 : 주주구성이나 배당금, 그래서 투자할지 말지

'주가' 항목은 어려울 게 없죠? '액면가'만 간단히 설명하고 넘어 갈게요. 말 그대로 증권에 적힌 금액으로, 1주의 발행가격입니다. 우리는 100원짜리 주식을 5만 5000원 정도에 거래하고 있는 거네요. 무려 550배! 이 회사는 엄청나게 성장한 거라고 생각할 수 있 겠죠? 아니면 거품이거나. 보통의 액면가(코스피 기준)는 5000원인 데 삼성전자는 액면분할(=액면금액을 잘게 쪼겠다)해서 낮아진 거예요. '액면분할'은 또 뭐냐고요? 궁금하면 검색!

'대용가'는 '기준시세×사정비율'로 산출한 가격입니다. 현금 대신 위탁증거금으로 사용할 때의 금액입니다. 사회초년생은 몰라도 지장 없어요.

'회사일반' 항목은 말 그대로 해당 기업에 관한 일반적인 정보입니다.

상장일 : 주식시장에서 거래할 수 있도록 상장한 날짜입니다. 주식시장은 엄청난 금액이 오가는 곳이라 아무나 올라갈 수 없고 엄

격한 기준을 통과해야 합니다. 그래서 상장이 중요한 포인트이고, 상장사라 하면 앞으로 성장할 가능성이 높다고 인식되죠. 상장은 IPO(Initial Public Offering)와 거의 같은 뜻으로 통용되는데, 구분하자면 '상장'은 주식시장에 올리는 것 자체를 말하는 것이고, 'IPO'는 상장하면서 공개적으로 주식을 판매하는 것을 말해요. 삼성전자는 한국을 대표하는 기업답게 1975년에 일찌감치 상장했습니다.

공모가 : 기업이 주주를 공개적으로 모집하는 것을 '공모'라고 하는데, 이때 주식을 그냥 나눠줄까요? 그럴 리 없죠. 돈 받고 팝니다. 액면가보다 적당히 더 비싼 가격에 팔아요. 공모할 때 파는 주식의 가격이 바로 공모가! 공개적으로 모집(=판매)하는 주식이 '공모주'입니다.

상장주수 : 상장된 주식의 수입니다.

추가상장 : 상장한 회사가 자본(투자금)을 늘리기 위해 주식을 늘리는 거라고 단순하게 정리할게요. 주식을 늘리는 걸 '증자'라 하고, 돈 받고 늘리면 '유상증자', 돈 안 받고 늘리면 '무상증자'라 해요. 다른 것도 있는데 일단 2개만 알아둬도 됩니다.

시가총액 : '주식수×주식 가격.' '시총'이라고도 부르죠. 시가총액

이 클수록 그 기업이 우리나라 경제에 미치는 영향도 커집니다. 삼성전자의 덩치가 엄청나군요. 그냥 말로만 '대기업'이라고 부르다가 숫자로 보니 남다르죠?

자본금 : 복잡하긴 하지만 그냥 '주식수×액면가'라고 기억하세요. 자본금이 클수록 회사는 안정적이라 할 수 있습니다. 그만큼 돈이 있다는 말이니까요. 회사가 실수해서 돈을 까먹어도 버틸 여력이 많은 거죠.

순이익 : 경제용어에서 '순(純, net)'이란 말이 나오면 '진짜'를 떠올리도록 하세요. 순이익은 '번 돈에서 모든 비용을 빼고 진짜 내게 남은 돈'을 말해요.

지금 다루는 '종목 상세' 화면에서 가장 신경 쓸 부분은 '가치평가' 항목입니다.

현재 주가가 적정한지 아닌지 어떻게 알까요? 그냥 시장에서 정해진다고 생각해도 되겠지만, 뭔가 기준이 있어야 할 것 같은데요. 그래서 만든 것들입니다. 이 기준대로 한다고 100% 맞다는 보장은 없습니다. 하지만 중요한 참고자료이니 눈여겨보시기 바랍니다. 특히 다른 건 몰라도 'PER'이라도 알아두면 좋겠어요. '나 투자 좀 해'라고 말하려면 PER 정도는 알고 계셔야 합니다. 주식 평가할 때 대표적으로 많이 쓰거든요.

　PER : 말 그대로 풀면 '주가수익비율(Price Earning Ratio)'이라고 하는데, 무슨 뜻인지 모르겠죠? 정상입니다. 현재 주가를 주당순이익(EPS)으로 나눈 것이에요. 1주의 가격이 1만 원이고, 1주의 주당순이익이 1000원이라면 PER는 10이 되죠. 이게 왜 중요하냐면 해당 주식이 적정하게 평가되었는지 알 수 있어서입니다. PER이 높으면 과대평가되었을 가능성이 높아요. 왜? 주당순이익이 낮은데도 주가가 높으니까요. 반대로 PER이 낮으면? 저평가되었을 가능성이 높겠죠. 단, 해당 기업의 PER만 봐서는 높은지 낮은지 알 수 없습니다. 비슷한 업종에서 비교해봐야 알 수 있어요.

　EPS : PER 설명하면서 나왔지만 무슨 말인지 몰랐죠? '주당순이익(Earning Per Share)'으로, 1주당 순이익이 얼마나 났는지 파악하는 겁니다. 순이익을 주식수로 나누어서 구하고요. 주당순이익이 높으면 배당액이 많을 가능성이 높아요. 주식투자 가치도 높다고 볼 수 있고요. 물론 이것 역시 다른 주식과 비교해봐야 합니다.

　PBR : 주가순자산비율(Price Book-value Ratio). 주가가 1주당 몇 배로 매매되고 있는지를 보는 겁니다.

BPS : 주당순자산가치(Book-value Per Share). 기업의 총자산에서 부채를 빼면 순자산이 남는데, 이 순자산을 발행주식수로 나눈 거예요. 회사가 오늘 문 닫는다고 가정할 때 주주에게 1주당 얼마씩 나눠줄 수 있는지를 나타냅니다. 값이 높을수록 투자가치가 높겠죠.

EV/EBITDA : 기업가치(Enterprise Value)를 세전 영업이익(Earnings Before Interest, Tax, Depreciation and Amortization)으로 나눈 겁니다. 기업의 적정주가를 판단하는 지표입니다.

ROE : 자기자본 이익률(Return On Equity). 회사가 자기자본(=주주지분)으로 1년간 얼마만큼의 이익을 냈는지 나타내는 지표입니다.

간단하게 설명했지만, 중요한 개념이니 주식투자를 직접 해보면서 익히는 걸 추천합니다. 특히 PER과 EPS는 알아두는 게 좋아요. 마지막 '지분율 등' 항목은 비교적 간단한 내용입니다.

외국인 지분율 : 쉽죠? 주주 중 외국인의 비율. 외국인 비율이 높다는 뜻은 우량한 주식이라 외국인들이 많이 산다는 의미도 있고, 한편으로 경기가 나쁘면 팔고 튈 위험이 높다는 뜻이기도 합니다.

신용잔고비율 : 앞에서 결코 하지 말라고 한 신용으로(=돈 빌려서)

주식을 산 비율을 말해요. 이 비율이 계속 높아지면 주가가 상승할 가능성이 높다고 볼 수도 있어요. 그러니 돈 빌리면서까지 사겠죠. 아니면 '작전주'일 수도 있고요.

배당금 : 1주당 주주에게 배당하는 금액입니다.

배당수익률 : 1주의 주가 대비 배당금 비율. 정기예금 이자율과 비슷하다고 보면 됩니다. 이 주식을 가지고 있으면 1년 뒤 약 2.54%의 수익을 기대(=확정 아닙니다)할 수 있습니다.

전망 : 적어도 우리나라에서는 별로 의미가 없습니다. 거의 100% '매수(buy)'밖에 없어요.

재무

좋은 소식 두 가지. 하나는, 복잡한 내용은 이제 얼추 끝났다는 것! 또 하나는, 화면 중간에 있는 '가치평가' 부분은 앞에서 다 설명해서 넘어가도 됩니다. ROA와 ROE만 안 한 거 같은데, ROA는 '총자산수익률(Return On Assets)'입니다. 기업의 당기순이익을 자산총액으로 나눈 값으로, 이 회사가 자산을 얼마나 효율적으로 운용했는지 알 수 있습니다. ROE는 '자기자본이익률(Return On Equity)'입니다. 당기순이익을 자기자본으로 나눈 비율로, 경영효율성을 나타내죠.

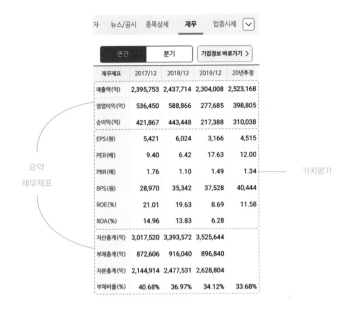

요약 재무제표 · 가치평가

재무제표	2017/12	2018/12	2019/12	20년추정
매출액(억)	2,395,753	2,437,714	2,304,008	2,523,168
영업이익(억)	536,450	588,866	277,685	398,805
순이익(억)	421,867	443,448	217,388	310,038
EPS(원)	5,421	6,024	3,166	4,515
PER(배)	9.40	6.42	17.63	12.00
PBR(배)	1.76	1.10	1.49	1.34
BPS(원)	28,970	35,342	37,528	40,444
ROE(%)	21.01	19.63	8.69	11.58
ROA(%)	14.96	13.83	6.28	
자산총계(억)	3,017,520	3,393,572	3,525,644	
부채총계(억)	872,606	916,040	896,840	
자본총계(억)	2,144,914	2,477,531	2,628,804	
부채비율(%)	40.68%	36.97%	34.12%	33.68%

한국말인데 무슨 말인지 모르겠으면 정상입니다! 열심히 투자하다 보면 다 알게 될 거예요. 주식투자 만만치 않죠?

그럼 이제 재무제표 부분을 볼까요?

재무제표는 기업의 영업활동을 숫자로 표현한 거예요. 재무제표는 '흐름'이 매우 중요하기 때문에 분기나 연간으로 볼 수 있도록 되어 있죠. 크게 손익계산서와 대차대조표로 나뉘는데, 우리는 세무나 회계를 하자는 게 아니니 다음 내용 정도면 충분합니다. 이제 말하지 않아도 알죠? 불충분하다고 생각되면 공부!

매출액 : '얼마나 돈을 벌었나' 하는 겁니다.

영업이익 : '실제 영업해서 얼마 남았나'를 살펴보는 지표입니다. 매출액에서 원가를 빼면 매출이익이 나옵니다. 그 돈으로 월급도 줘야 하고, 임대료도 내고, 전기료도 내고, 밥값도 내고… 아무튼 그런 모든 비용을 또 빼면 그게 영업이익이에요. 매출이 크다고 다 좋은 게 아니라 얼마나 내실 있는지를 봐야 하는데, 영업이익이 그걸 보여줍니다.

순이익 : 영업이익에서 대출받은 이자비용도 내야 하고, 건물 가진 걸 팔았으면 그건 이익으로 잡아야 하고, 누가 준 건지 모르는 것들까지 모든 비용을 다 빼고 남은 돈이 순이익입니다. 앞에서 말했죠? 경제용어에서 '순'이란 글자가 나오면 그건 '다 뺀 진짜'라고요.

자산 : 회사가 가진 눈에 보이는 자산(상품, 건물 등)과 눈에 보이지 않는 자산(브랜드 등)을 합친 거예요. 회사의 힘이죠. 큰 틀에서 자산은 '자본+부채'입니다. 외워두세요.

부채 : 대출받은 빚이에요. 회사의 힘이지만 남에게 빌려온 힘! 흔히 부채가 없어야 좋다고 여기지만, 남의 힘이라도 잘만 활용하면 상관없어요. 무리할 때가 문제죠. 부채가 자산보다 큰 경우를 '자

본잠식'이라고 합니다. 망해가는 회사의 특징입니다.

자본 : 주식을 발행해서 모은 자본금입니다. 회사의 힘 중에서 진짜 내 힘!

부채비율 : 부채를 자본으로 나눈 비율입니다. 부채비율이 높으면 위기가 닥칠 때 쉽게 어려워질 수 있습니다.

길고 지루한 참고자료를 봐야 하는 이유

간단하게 한다고 해놓고 생각보다 너무 지루하고 오래 걸렸네요. 이렇게 설명하는 이유는 딱 하나, 주가가 오를지 내릴지는 아무도 모르기 때문입니다. 그래서 오늘도 수많은 사람들이 머리 싸매가면서 이 종목이 오를지 내릴지를 고민합니다. 그러다 보니 '오호! 이런 경우에는 주가가 오르더라', '이런 경우에는 주가가 빠지던데' 하는 경험이 쌓이고, 그런 것들을 하나하나 다듬어서 만든 것이 투자정보예요.

정보를 알면 투자에 성공하냐고요?

아뇨. 하지만 적어도 '손해를 덜 볼 가능성이 높다'고 생각합니다.

주식투자는 쉽게 돈 버는 수단이 아닙니다. 그럼에도 설명을 길게 한 이유는, 주식이야말로 투자의 기본방법 중 하나이기 때문이에요. 재테크를 하다 보면 주식투자에도 관심 가는 것이 자연스러운 수순입니다. 하지만 모두가 주식투자에 뛰어들 필요는 없습니다. 자신의 성향을 파악하는 게 먼저죠. 성향에 맞는 분들은 주식투자를 하고, 맞지 않는 분들은 펀드 정도로 만족하셔도 됩니다. 부동산 투자로 가실 수도 있고, 그냥 묵묵히 저금하셔도 됩니다.

주식거래 비용 : 매우 낮지만 공짜는 없다

똑같이 주식을 취급하는 펀드와 주식투자의 가장 큰 차이는, 펀드의 경우 전문가가 돈을 굴려준다는 겁니다. 주식은 우리가 직접하고요. 그래서 주식은 펀드에 비해 수수료가 엄청 낮아요. 투자하는 사람 입장에서는 비용이 줄어드는 거죠. 그만큼 이익이 늘어나고요.

이번에는 주식을 갖고 있어서 발생하는 온갖 비용에 대해 알아보겠습니다. 사고팔 때 내야 하는 수수료와 세금 그리고 배당수익 이야기입니다.

주식 살 때 : 매수 수수료

주식 살 때 어디에서 샀어요? 증권사 앱(MTS)에서 하셨죠? 덕분에 편리하게 주식 사고팔 수 있었죠? 그럼 돈을 내야죠. 내가 사는 가격에 수수료율을 곱하면 매수 수수료가 나옵니다. 예전에 비해

매수 (BUY)	수수료		시세 차익에 따른 수익에는 세금 없음
매도 (SELL)	수수료 + 세금		
배당금 (보유시)	세금		금융소득 많으면 세금 더 내지만 당신은 걱정 NO!

수수료가 많이 저렴해진 건 사실이에요. 저렴한 경우 0.015% 또는 무료도 있고요. 증권사마다 수수료 조건이 다르니 비교해보고 가입하세요. 무료 조건도 잘 따져보시고요. 자세히 보면 국내 일반 주식을 살 때만 '수수료 무료'인 경우가 대부분입니다. MTS로 할 때만 무료인 경우도 많고요. 나아가 '비내면 계좌 개설'에 한하는 조건도 있고, 신규고객만 해당되는 경우도 있고, 조건이 제각각이에요. MTS에 비대면 계좌 개설을 해서 수수료 무료인 줄 알았는데, 전화나 ARS 등 다른 수단을 사용했다고 수수료가 발생하기도 합니다. 그러니 잘 찾아봐야 합니다.

주식 팔 때 : 매도 수수료

주식 살 때 돈 냈으니 팔 때는 무료일까요? 아뇨, 똑같이 받습니다. 역시 0.015% 또는 무료, 또는 증권사마다 달라요. 매도 수수료는 '내가 파는 가격×수수료율'입니다.

예를 들어 1만 원짜리 주식을 100주 샀다면 총액은 100만 원이죠. 수수료율이 0.015%라면 매수 수수료는 얼마일까요?

100만 원 × 0.015% = 150원

이 주식이 올라서 1만 5000원이 되었습니다. 축하해요! 그래서 이걸 다 팔았다면 거래액은 150만 원이군요. 이 경우 수수료는?

150만 원 × 0.015% = 225원

반대로 주식이 빠져서 5000원이 되었네요? 눈물 흘리며 팔았어요. 손해 봤으니 이때는 수수료가 없을까요? 아뇨! 내요!

50만 원 × 0.015% = 75원

세금 : 안 내는 거 아니었어?

주식투자는 세금 안 낸다고 생각하는 분들도 있는데, 절반은 맞고 절반은 틀려요. 살 때는 안 냅니다. 하지만 팔 때는 0.25%를 내야 해요. 매도 수수료와 마찬가지로 당신이 손해를 봤건 아니건 상관없이 세금을 물려요. 그래도 15.4%가량을 세금으로 내는 펀드에 비하면 훨씬 저렴한 편이죠. 100만 원 어치 팔 때 세금이 2500원밖에 안 하니까요. (100만 원 × 0.25% = 2500원)

매수 수수료, 매도 수수료, 세금, 이 3가지가 주식투자에서 발생하는 비용입니다. 이걸 알아야 하는 이유는, 내 이익이 실제로 얼마인지 계산하고 팔아야 하기 때문이에요. 매도 수수료를 0.015%라

가정하면, 주식을 사고팔 때 발생하는 수수료와 세금은 약 0.26%가 됩니다. 그런데 주식투자 수익률이 0.26%가 안 된다면? 당신은 단순히 사고파는 것만으로도 손해를 볼 수 있어요. '겨우?'라고 생각할 수도 있겠지만, 많이 사고팔수록 가랑비에 옷 젖는 상황이 생기니 신경 쓰셔야 합니다.

그래서 더욱더, 사회초년생은 주식투자를 하더라도 하루에 여러 번 사고파는 단타매매는 하지 않으면 좋겠습니다. 적정한 목표를 설정하고(애매하면, 정기예금 이자율은 넘기는 걸로) 그 목표가 달성되면 파세요. 그럼 수수료로 손해 보는 일은 없을 겁니다. 비용은 또 얼마나 발생하는지 헷갈리죠? 보통 앱에서는 '비용 포함'이라는 식으로 알려줍니다. 세금도 대주주에게는 민감한 문제겠지만 우리는 몰라도 되겠죠?

참고로 최근에는 정부에서 '증권거래세' 폐지 얘기도 나오고 있습니다. 대신 양도소득세 개념으로 소득의 20% 내외를 세금으로 물리는 방안을 검토한다고 합니다. 세금 정책은 계속 변하니 이것 역시 뉴스를 읽으셔야 합니다.

주식을 가지고 있을 때 : 또 세금

이걸로 주식에서 발생하는 비용은 끝일까요? 아니에요. 하나가 더 있습니다.

주식을 사고파는 것 말고 주식으로 수익 내는 방법이 하나 더 있었죠. 배당수익이요. 주주로서 회사가 수익을 냈을 때 배당을 받는 겁니다. 이때에도 정부에서 세금을 떼요. 이번에는 좀 많이 뗍니다. 15.4%.

내가 가진 주식이 100주이고 1주당 배당수익이 1000원 발생했다면 세금은 얼마일까요?

○ 배당수익 : 1000원 × 100주 = 100,000원
○ 세금 : 10만 원 × 15.4% = 15,400원

사회초년생이라면 이걸로 대부분 끝나겠지만, 돈을 많이 버는 사람이라면 고비가 한 번 더 있어요.

우리나라에서는 금융소득이 연간 2000만 원을 초과하면 종합소득세에 합산해 부과됩니다. 소득세는 알다시피 소득이 커질수록 내야 하는 세금비율이 올라가요. 다행인지 불행인지 우리는 아직 연간 2000만 원의 금융소득을 올릴 수준이 아니니 고려할 대상이 아닙니다. 만에 하나 세금을 내야 하는 경우라면 우선은 감사해야 합니다. 부자잖아요!

또 하나 기뻐할 일은, 주식을 사고팔 때 얻은 수익은 금융소득에 포함되지 않습니다. 그래서 주식투자를 많이 하는 것이기도 해요. 배당수익은 금융소득에 포함되고요.

이 정도로 주식에 관한 설명은 마무리합니다. 주식 관련해서 100분의 1 정도나 설명했는지 모르겠습니다. 주식투자의 세계로 가는 문 앞 정도까지는 안내한 것 같군요. 그 세계로 들어갈지 말지는 당신의 선택입니다.

Tutorial

- ○ 주식을 사고팔 때 수수료, 주식을 팔 때 세금을 낸다. 이 비용을 고려하지 않으면 수익을 내기 어렵다!
- ○ 수수료는 증권사마다 다르다. (알아서 가장 좋은 조건을 찾는다.)
- ○ 배당수익을 받을 때 세금 뗀다.
- ○ 금융소득이 많으면 세금을 더 뗀다.

주식투자, 애인 사귀듯 하라

    우리는 애인을 사귀려고 할 때 온갖 것들을 확인합니다. '누구라도 좋아!'라고 노래를 부르다가도 친구가 소개팅을 주선하면 갑자기 신중해져서 이것저것 캐묻습니다. 주식투자도 애인 사귀기와 다르지 않아요. 주식을 사는 순간 '오늘부터 1일'이에요. 이때 상대방이 좋은지 아닌지 어떻게 파악하나요?

- ○ 1. 사진을 받는다. (외모 무시하면 안 됩니다. 저마다 취향이 있으니까요.)
    - → 재무제표 확인
- ○ 2. 평소 행동을 살펴본다. → 가치평가(PER, EBP 등 각종 지표)
- ○ 3. SNS 피드를 본다. → 언론자료, 공시 확인
- ○ 4. 친구의 친구를 본다. → 업종시세 파악
- ○ 5. 내 친구들의 이야기를 듣는다. → 토론방 활동

○ 6. 선배나 부모님에게 물어본다. → 전문가 리포트, 전문방송 청취

　이런 식으로 고민하고 만나잖아요. 물론 '느낌적인 느낌'도 있지만요. 과학적이든 철학적이든 누군가를 아는 것과 '애인이 된다'는 것은 전혀 다른 성격의 문제입니다. 성공 가능성? 몰라요. 이렇게 다 따지고 만나도 실패할 확률은 언제나 있습니다. 하지만 말도 안 되는 사람과 사귈 가능성은 낮아질 겁니다.

　주식투자는 애인 사귀는 것과 같습니다. 그러니 잘 고민하고 고르세요. 이상한 사람 만나면 시간 버려, 돈 버려, 손해가 커요.

7장
아직은 멀지만
언젠가 만나야 할 '부동산'

투자상품이자 투기상품

말도 많고 탈도 많은 부동산에 대해 말해보려고 합니다. 당장 사회초년생들은 '나하고 무슨 상관이야?'라고 생각하기 쉽지만, 막상 결혼을 준비할 때나 독립할 때가 되면 '젠장 나보고 어쩌라고' 하는 상황에 맞닥뜨리게 될 겁니다. 뉴스를 보면 부동산 얘기가 참 많이 나오는데 도대체 왜 그런지 풀어보도록 할게요. 만약 부동산 기사에 눈길이 가기 시작했다면, 당신도 나이 먹고 있다는 뜻입니다.

부동산은 '못 움직이는 자산'

사회초년생에게 '부동산'이란 말은 자주 쓰지만 실은 잘 모르는 단어입니다. 부동산은 고정돼서 움직이지 못하는 자산을 말합니다. 건물, 토지, 주택 같은 거예요. 반대말은 움직이는 자산, 즉 '동산'입니다. 동산의 대표적인 예는 바로 '현금'입니다. 100만 원을 서울에서 부산으로 송금하면 즉시 사용 가능하지만, 아파트나 땅은 못 보내요. 슈퍼맨처럼 힘 있다고 집을 뜯어서 옮기는 거 못해요. 그래서 부동산입니다.

그래서 부동산의 중요한 특징이 하나 생깁니다. 바로 '입지'예요. 똑같은 브랜드의 아파트인데 왜 서울과 지방의 집값이 다르고, 강남 집값은 더 다를까요? 움직이지 못하니까요. 예를 들어 회사에 취직해서 독립해 살 곳을 구하려고 합니다. 한 곳은 지하철역 1분 거리, 한 곳은 지하철역 15분 거리. 월세도 같고, 시설도 비슷해요. 그럼 어디 사실 거예요? 지하철역 1분 거리에 살 가능성이 높습니다. 수요가 늘어나니 당연히 역세권은 시설이 조금 오래돼도 비쌉니다. 지하철역, 상권, 교육 등의 요소가 맞물려 가격이 달라집니다.

이 책에서는 부동산을 집, 그중에서도 '아파트'라 생각하고 풀어보겠습니다. 사회초년생은 땅이나 건물 살 일이 거의 없으니까요. 처음 갖게 되는 부동산은 아마 '집'일 테고, 그중에서도 가장 일반적인 집의 형태는 아파트! 그중에서도 아파트가 가장 많은 수도권 아파트로 좁혀서 말해보겠습니다. 우리는 개념을 잡는 거지 전문적으로 파고드는 게 아니니까요. 그렇지만 너무너무 비싸서 비현실적으로 느껴질 거예요. 슬프지만 현실입니다.

아파트 구입하는 방법 : 새 거 아니면 헌 거

물건을 사는 방법은 크게 두 가지입니다. 하나는 신상품을 사는 거고, 다른 하나는 중고품을 사는 겁니다. 대부분 신상을 더 좋아하죠. 그런데 희한하게 아파트만큼은 반드시 그렇지도 않아요.

부동산에서는 신상품을 사고파는 경우를 '분양'이라고 합니다. 토지나 건물을 나눠서 판다는 의미예요. '아파트 분양'이라 하면 새로 짓는 아파트를 파는 거라 이해하면 됩니다.

그런데 아파트는 중고품을 사는 경우가 더 많아요. 한번 지으면 수십 년을 사용하니까요. 이 경우는 보통 '매매'라고 합니다. 즉 '아파트 매매'는 누군가 살고 있는 아파트를 사거나 파는 겁니다.

아파트 매매 중 구매자가 집주인과 직접 계약하지 않을 때도 있습니다. 집주인이 빚을 너무 많이 져서 아파트를 팔아서 갚아야 하는 경우죠. 이때는 특정인에게 파는 게 아니라 사고 싶은 사람들을 다 모은 다음 '이 집 얼마에 살래?' 하고 흥정을 합니다. 그중 가장 높은 금액을 부르는 사람이 사가는 것이 '경매'입니다. 부동산 경매는 여기서는 설명하지 않을게요. 그냥 있다고만 알아두세요.

부동산의 특징

첫째, 비싸도 너무 비싸요. 땅이 좁은데 인구는 많고, 수도권에 과밀돼 있어서죠. 또 하나는 '상품'이기 때문이고요.

사고팔 수 있는 상품, 더욱이 아주 비싼 상품이다 보니 경제와 사회에 미치는 영향이 엄청납니다. 건설사뿐 아니라 부동산 중개업자, 온갖 사기사건, 온갖 법과 규칙 그리고 분쟁, 세금, 수익(월세) 등 많은 것들이 얽혀 있습니다. 비싸기 때문에 사려면 '금융(대출)'도 필요합니다. 아파트를 짓는 회사들은 물론, 아파트를 사야 하는 사람들도 돈이 필요해요. 그래서 '대출'이란 것을 알아야 합니다.

이러다 보니 정부 정책이 매우 중요한 변수가 됩니다. 어느 지역을 '개발제한구역'으로 묶거나 어디를 '신도시'로 지정하거나, 대출 규제를 강화하는 등의 정책에 따라 부동산 경기가 춤을 추게 돼 있어요. 정부가 '빚내서 집 사라' 했다거나 정부가 '망하게 하려고 작정했다'고 주장하는 것도 이런 이유 때문입니다.

둘째, 다른 상품과 달리 투자상품 또는 투기상품 역할을 합니다.

상품은 보통 시간이 지날수록 가치가 떨어집니다. 노트북을 샀다고 해봐요. 시간이 지나면 그게 더 비싸지나요? 그럴 리 없죠. 값이 뚝뚝 떨어져요. 나중에는 그냥 줘도 싫어해요. 그런데 아파트는 시간이 지날수록 비싸지기도 합니다. 마치 금과 비슷해요. 낡아서 물이 새는 아파트인데 가격이 계속 오르는 말도 안 되는 상황을 우리는 자연스럽게 받아들이고 있습니다. 왜냐하면 아파트는 이미 '사는 장소'의 의미뿐 아니라 '투자상품' 역할을 하고 있기 때문입니다.

아파트가 '상품'이라면 당연히 사고팔아서 '차익'을 벌어야겠다는 생각을 하게 되겠죠? 특히나 우리나라에서는 그동안 '부동산 불패

신화'가 자리잡아 왔습니다. 지금 부모님 세대의 DNA에도 각인되어 있고요. 그래서 집 사지 않겠다는 말을 하면 많은 부모님들이 혀를 끌끌 차시죠.

집 한 채 있으면 인플레이션이나 기타 투자 위험에 신경을 덜 써도 됩니다. 집값도 같이 오르거든요. 물가가 오르면 집값이 더 오르고, 저금하지 않아도 집값이 올라서 차익이 남습니다. 그래서 무리해서라도 대출을 받아 좋은 입지의 아파트를 사려고 합니다. 대출 많이 받아도 괜찮다고 생각합니다. 왜? 집값이 오를 거니까요. 오르면 팔아서 빚 갚고도 수익이 납니다. 최근에 기사에 많이 나온 갭 투자 역시 부동산으로 차익을 보기 위한 수단이었습니다.

결국 집값은 사람들의 자산과 밀접하게 관련이 있다는 얘기예요. 특히 우리나라에서는 개인이 보유한 자산 중 부동산의 비율이 상당히 높습니다. 그러다 보니 부동산 가격은 매우 민감하고 중요한 요소가 되었죠. 부동산 가격이 폭락하면 집 없는 사람들은 좋을 것 같죠? 천만에, 지옥문 열리는 거예요. 우리나라에서 부동산 경기는 '국가 내수경제'와 같이 움직인다고 봐도 될 정도예요. 그러니 부동산 경기가 폭락하면 국내 경기도 같이 주저앉아 버립니다. 돈 있는 사람은 경기가 가라앉을 때 버틸 수 있어도 돈 없는 사람에게는 지옥이에요.

그렇다고 부동산 가격이 계속 유지되어야 한다는 말에 동의하는 건 아닙니다. 사람들이 감내할 수 있게 적절하게 바뀌어야 합니다.

그래서 또 정부 얘기가 나올 수밖에 없어요. 정부정책에 따라 투자 상품인 아파트가 투기상품으로 변해버리니까요.

그래서 부동산 관련 기사가 중요합니다. 내 경제적인 삶에 미치는 영향이 매우 크기 때문이죠. 그러니 부동산 기사는 꼭 챙겨보세요! 잘 모르겠으면, 이 정도만 판단할 수 있어도 됩니다. 부동산 경기가 좋아지겠구나 나빠지겠구나, 부동산 경기가 좋아지면 과열이겠구나 아니구나, 부동산 경기가 나빠지는 것이 조정이겠구나 아니면 거품이 빠지는 것이겠구나… 정답은 없어요. 본인이 생각하셔야 합니다.

Tutorial

부동산(不動産) : 움직이지 못하는 자산
⇨ 그래서! 입지가 중요하다.

특히 우리나라에서는
매우 비싸고 (특히 수도권)
투자상품(때로는 투기상품) 역할도 하며
경제에 미치는 영향도 매우 크다.

내 집이 생기기까지(feat. 아파트 분양)

이제 아파트를 사봅시다. 오해는 마세요. 좋은 아파트를 소개하려는 건 아닙니다. 새 아파트를 분양받으려면 얼마나 많은 난관을 거쳐야 하며 알아야 할 것은 또 얼마나 많은지 알려주는 것이 이 글의 목적입니다.

첫 번째, 분양정보를 보고 아파트를 고르자!

헌 아파트는 그냥 돈 주고 사면 되지만, 새 아파트를 사는 과정은 조금 복잡합니다. 일단 분양정보가 없으면 시도도 못해요. 신문에도 나오고 인터넷에도 있으니 알아서 잘 찾아봅시다. 청약정보가 담긴 사이트('청약홈'=주택청약시스템)에서 참고하세요. 뉴스로 미리 체크도 해야 합니다. 좋은 아파트를 사려면 부지런해야 한다는 말이죠.

또 하나 기억해둘 것이 있습니다. '분양가 상한제.'

아파트 분양받기 대모험

　부동산(아파트)의 특징이 뭐라고 했죠? 거주 목적뿐 아니라 투자 상품의 역할도 한다는 겁니다. 투자상품은 쉽게 말해 싸게 사서 비싸게 팔 수 있다는 뜻이죠. 새 아파트가 쌀까요? 상식적으로 생각해보면 싸게 나올 리 없겠죠? 파는 입장에서는 비싸야 좋으니까요. 그렇다고 너무 비싸게 내놓으면 안 팔릴 테고요.

　그런데 말이죠, 아파트는 투자상품이면서 또한 투기상품이 된다고 했습니다. 투기상품이 뭐냐고 묻는다면, '상식을 벗어난 가격으로 사고파는 것'이라 생각하면 될 겁니다. 너무 비싸면 안 팔리는 게 상식인데, 투기상품이 되는 순간 비싼 가격에 내놔도 잘 팔립니다. 왜? 더 비싼 가격에 팔면 되니까!

　이런 폐단을 막고자 만든 게 분양가 상한제입니다. 정부에서 '이 가격 이상으로 팔면 안 됨!'이라 정해놓는 것으로, 부동산 투기를 막기 위한 대표적 제도 가운데 하나예요. 주로 부동산 경기가 과열됐을 때 나오는 정책입니다. 그러니 만약 '분양가 상한제 부활'이라는 뉴스가 나오면 부동산 경기를 진정시키는 정책이라 생각하면 됩니다. 반대로 '분양가 상한제 폐지'라는 말이 나오면 부동산 경기를 띄우겠다는 것이라 이해하면 되고요.

'분양가 상한제'는 의도와 달리 '로또 아파트'라는 말도 만들어요. 주위 시세보다 싸게 분양받을 수 있으면, 나중에는 당연히 주위 시세만큼 오를 거잖아요. 당첨만 되면 앉아서 돈 버는 거죠. 또다시 시장이 과열되겠네요.

그래서 정부에서는 기회를 균등하게 주기 위해 대출 등의 조건을 까다롭게 만듭니다. 투기를 막으려고요. 그랬더니 이번에는 대출받지 않고도 살 수 있는 돈 많은 사람들이 유리해지네요? 어렵습니다. 부동산 정책은 어떻게 하든 정부가 욕먹는 구조예요. 그러니 무조건 정부 욕부터 하지는 마세요. 자기 상황을 먼저 파악하고 욕해도 되는지 따져봐야 합니다.

두 번째, 청약제도와 청약통장

분양정보를 보면 '청약일정'이란 게 같이 나옵니다. 그 기간에 '내가 이 집을 살 것이다'라고 신청해야 해요. 이걸 '청약'이라고 합니다. 많이 들어본 단어죠? 정부에서는 청약한 사람들 중에 '추첨'을 해서 당첨된 사람에게 아파트 살 권리를 줍니다.

돈만 있다고 바로 살 수 있는 게 아니라 번거롭게 신청하고 추첨하는 이유가 있습니다. 아파트가 투자상품이다 보니 사람들이 너무 좋아해서 그래요. 가지고 있으면 알아서(?) 값이 오르니까요. 조금 오르는 게 아니라 말로만 듣던 '억대로' 오르기도 합니다.

다들 사고 싶어 하는 상품이니, 만약 가격을 비싸게 낼 수 있는 사

| 1 | 분양정보 | 분양정보를 체크하자 | ☺ | 청약 사이트 + 뉴스 |
| 2 | 청약 | 청약통장 있나? | ☹ | 없으면 은행에서 만들자 |

아파트 분양받기 대모험

람들에게 순서대로 판다면 돈 없는 사람은 죽을 때까지 집을 마련할 수 없을 겁니다. 그래서 정부는 새 아파트를 최대한 공정하게 살 기회를 주려고 정책을 만듭니다. 그게 '청약제도'예요. 쉽게 설명하면, 청약통장이 있는 사람들에게만 새 아파트 살 기회를 주겠다는 겁니다. 여기에 신혼부부인지, 자녀가 있는지, 세대주인지, 집 없는 기간(무주택기간)이 얼마인지 따져서 점수를 더합니다. 이를 '가점제도'라고 해요. 집 없는 사람들에게 일종의 특혜를 줘서 당첨확률을 높여주는 겁니다. 여기에 더해 '순위'도 있어요. 1순위자가 2순위나 3순위보다 우선입니다. 인기 많은 아파트라면 1순위에서 입주가 결정되기도 합니다. 물론 미달되는 경우도 있죠. 산속에 아파트를 지으면 아무도 안 살 테니까요.

당신이 사회초년생이고 집이 없다면 어떻게 해야겠어요? 네, 고민 많이 하지 말고 은행 가서 청약통장부터 만드세요. 금리도 아주 낮지 않고, 가지고 있어서 손해 볼 상품은 아닙니다. 대신 오래 보유해야 하고, 해지하기 전에는 돈을 찾을 수 없어요. 그러니 너무 많은 금액 말고 한 달에 10만 원 정도만 부으세요.

이런 질문도 가능하겠군요. '아파트 살 때는 무조건 청약통장이 필요한가요?' 아뇨, 분양받을 때만 필요합니다. 새 아파트가 아니면 이런 복잡한 자격은 필요 없어요. 돈만 있으면 됩니다.

이제 되었을까? 아뇨, '돈'을 빌려봅시다

마음에 쏙 드는 아파트가 분양을 한대요. 그래서 고이 모셔두었던 청약통장을 꺼내 들고 청약을 했죠. 엄청난 경쟁률을 뚫고 당첨되었다고요? 축하합니다. 이제 약 2~4년간 열심히 집값을 내시면 됩니다. 당장 계약금은 냈다지만 남은 돈이 문제겠군요. 주기적으로 억대의 돈을 내야 합니다. 이게 다 아파트 가격이 매우매우매우매우 비싸서 빌생하는 일입니다. 구제직으로 인제 얼마나 내아 하는지는 청약하려는 아파트의 입주자 모집공고에 자세히 나와 있으니 꼼꼼히 읽어보세요.

여기서 끝이 아닙니다. '옵션'도 하잖아요. 방을 확장한다거나, 가전제품을 빌트인으로 넣거나, 마감재를 고급으로 쓰면 돈을 더 받습니다. 이것도 끝이 아니에요. 건설사에 내는 금액 말고 돈이 더 들어가요. 느낌이 오나요? 네, 세금입니다. (정부가 고맙죠? 국민임을 자꾸 일깨워줘서.) 가장 큰 것은 취득세, 등록세예요. 세금 관련 비용으로만 1.5%는 더 들어간다고 보면 될 겁니다. 그리고 이런 큰일은 혼자 못하고 전문가 도움을 받아야 할 테니 수수료(부동산 중개 수수료, 법무사

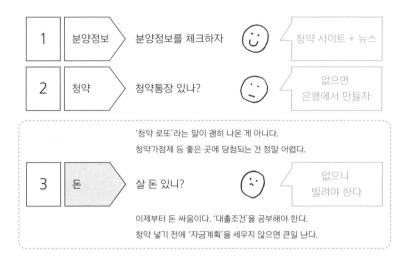

| 1 | 분양정보 | 분양정보를 체크하자 | :) | 청약 사이트 + 뉴스 |

| 2 | 청약 | 청약통장 있나? | :(| 없으면 은행에서 만들자 |

'청약 로또'라는 말이 괜히 나온 게 아니다.
청약가점제 등 좋은 곳에 당첨되는 건 정말 어렵다.

| 3 | 돈 | 살 돈 있니? | :(| 없으니 빌려야 한다 |

이제부터 돈 싸움이다. '대출조건'을 공부해야 한다.
청약 넣기 전에 '자금계획'을 세우지 않으면 큰일 난다.

아파트 분양받기 대모험

대행 수수료, 인테리어 비용, 입주 청소 등)도 준비해야 합니다. 슬슬 '집을 왜 사지?'라는 생각이 들 겁니다.

예를 들어보죠. 사회초년생이 서울에서 아파트 청약을 넣는다면, 30평대는 너무 크고 주로 20평대를 신청할 겁니다. 보통 방 3개에 욕실 하나 있는 정도예요. 분양가는 입지나 시점에 따라 천차만별이지만 여기서는 5억 5000만 원이라고 해보겠습니다. 그러면 세금은 약 800만 원 정도 나오고, 옵션은 어디까지 지르느냐에 따라 달라집니다. 이래저래 분양가 외에 못해도 1000만~2000만 원은 더들어간다고 생각해야 할 겁니다.

일단 부가비용을 빼더라도 5억 5000만 원을 모으려면 한 달에

100만 원씩 550개월을 저금해야 합니다. 46년 정도 걸리는군요.

한 달에 200만 원씩이면 약 23년.

한 달에 500만 원씩이면 약 10년.

집 못 사겠네!!!!

사람들이 모두 부자도 아닌데 어떻게 집을 사는 거죠?

정답은 '은행'입니다. '대출'이요. 만약 은행에서 빌려주지 않으면 보험사나 다른 금융사에 가서 대출을 받습니다. 원금에 이자를 갚겠다는 약속을 하고요.

이때 당신은 두 가지 측면에서 어마어마한 벽을 느끼게 될 겁니다. 첫째는 '이것밖에 못 빌려?'라는 좌절감. 둘째는 '이자를 이렇게 많이 줘야 해?'라는 무력감. 나의 신용에 따라 대출금액이 달라지고, 다니는 직장의 수준에 따라 대출이자도 달라져요.

아파트 살 때는 아파트를 담보로 돈을 빌리는 게 이자가 가장 낮습니다. 이걸 주택담보대출, 줄여서 '주담보대출'(=주담대)이라고도 해요. 주택담보대출로 집을 산 경우라면 빚을 다 갚기 전까지 그 집은 엄밀히 말해서 당신 집이 아닙니다. 빚을 못 갚을 것 같으면 은행이 집을 팔아서 빌려준 돈을 회수하거든요. 그래서 직장인들은 이런 농담을 하죠. "안방하고 부엌은 내 건데, 마루하고 작은 방은 아직 은행 거야."

그럼, 대출을 원하는 만큼 해주기는 할까요? 아뇨! 달라는 대로 대출해준다면 다들 돈 빌려서 아파트를 살 겁니다. 이런 사람들은 나중에 아파트를 더 비싸게 팔아야 대출이자도 갚고 수익을 남기기 때문에 집값이 더 오르도록 노력할 겁니다. 끊임없이 오르는 부동산 가격 때문에 나라가 휘청거리게 됩니다. 이런 사태를 막기 위해 정부는 대출 규제를 합니다. DSR, DTI, LTV 등의 이야기는 모두 대출을 규제하기 위한 정부의 정책입니다. 이 규제가 세지면 투기는 잡을지 모르지만, 집이 꼭 필요한 사람들이 대출받기 어려워져 집을 사지 못하는 역효과도 발생합니다.

입주했다면

축하드립니다. 이제 집값이 떨어지지 않기를 기도하며 열심히 대출금 갚으시면 됩니다. 집값 다 내셨다고요? 맞아요. 분양대금 다 내셨죠. 대신 은행에서 빌린 돈을 적게는 10년, 더 길게는 20~30년 갚으셔야 합니다. 좋은 이웃 만나서 층간소음 없기를 바라셔야 하고 아파트 하자가 없기를 기도하세요. 다달이 관리비, 매년 재산세를 내면서 집값이 오르면 행복해하시면 됩니다.

이쯤 되면 머리가 복잡해질 것 같습니다. 집 가진 부모님들이 오늘따라 대단해 보일 거고요. 남의 세상 이야기 같은 부동산 이야기를 그래도 하는 이유는 누구에게나 어떤 형태로든 '살 곳'은 필요하기 때문입니다. 앞으로 결혼해서 자녀도 가질 생각이라면 피해갈 수 없는 고민이니 미리 생각해보라고 설명하는 겁니다. '집을 포기하겠어!'라는 결정을 촉구하는 것도 아니고, 당장 이번 주말부터 재

1	분양정보	분양정보를 체크하자	:)	청약 사이트 + 뉴스
2	청약	청약통장 있나?	:|	없으면 은행에서 만들자
3	돈	살 돈 있니?	:(	없으니 빌려야 한다
4	성공	문제없니?	:D	돈 잘 갚으면 됨!

입주(보통 분양 후 2~3년)까지 별 탈 없어야 하고
입주할 때 아파트에 하자가 없어야 하고
좋은 이웃 만나야 하고
무엇보다 대출금을 매우 오랫동안 갚으면 당신 집!

아파트 분양받기 대모험

건축 '딱지'를 보러 다니라고 등 떠미는 것도 아니에요. 한국에서 살려면 언젠가 직면할 문제이기 때문에 말하는 겁니다.

재테크는 돈 모으려고 하는 게 아니라고 했죠. 집 사려고 하는 것도 아니에요. 집 역시 '필요하면' 사는 거예요. 강남 아파트를 사서 당신이 행복할 것 같으면 무리를 해서라도 사야겠지만, 그렇지 않으면 굳이 강남을 고집할 필요 없습니다. 잘 찾아보면 내 삶과 잘 어울리는 동네도 많습니다. 그러니 무엇보다 '당신이 무엇을 하면서 살지, 그리고 어떻게 사는 게 행복한지' 그것부터 고민하세요.

부동산 미스터리 : 아파트로 돈 버는 이상한 방법

그런데 말입니다. 생각해보면 정말 이상합니다.

혹시 당장 물건은 없는데 미리 돈부터 내라는 경우 본 적 있나요? 그런 경험은 별로 없을걸요. 간혹 인터넷 거래나 중고거래에서 이런 식으로 사기당할 때가 있긴 하지만 특이한 경우죠. 그런데 부동산은 어떤가요? 엄청나게 비싼 값을 미리 지불하고는 한참 있다가 물건을 받습니다. 은행 돈을 빌려서 열심히 내고 있지만 당신이 살 집은 이 세상 어디에도 없어요.

이걸 유식한 말로 '선분양제'라 합니다. 물건을 주기 전에 먼저(先) 분양한다는 의미입니다. 최소 10년 이상 모아야 하는 돈이 들어가는 거래인데 당신은 물건의 실제 모습을 보지도, 만지지도 못한 채 사야 합니다. 너무 사기 같잖아요? 그래서 모델하우스를 지어서 보여줍니다. 하지만 모델하우스는 멋지고 좋아 보였는데 막상 지어진 집은 생각과 달리 하자가 많을 수도 있어요. 또 서울은 흔치 않지만 지방에서는 아파트를 짓다가 회사가 망하는 경우도 발생하고요. 돈 넣은 사람들은 집도 없고 돈도 잃고, 황당해지는 거죠. 우리는 뭘 믿고 돈을 내는 걸까요?

물론 건설사들 입장에서는 엄청난 금액이 들어가는 아파트 단지 공사를 자기들 돈만으로 하기 어렵다는 현실적인 문제도 있습니다. 그렇더라도 이 제도는 조금씩이라도 바뀌어야 한다고 봐요.

아파트로 돈 버는 쉬운 방법

아파트는 특이하게도 주거지이자 투자상품, 나아가 투기상품이라고 했잖아요. 이 중 아파트로 쉽게 돈 벌려는 사람은 아무래도 '투기상품'으로 접근히는 경우일 겁니다.

방법은 아주 쉬워요. 선분양제의 특징을 이용하는 겁니다. '전매'라는 말 많이 들어보셨죠? '프리미엄'이란 말도 들어봤을 거고요. 줄여서 '피(P)'라고도 합니다.

먼저 순수하게 생각해봅시다. 내가 집을 샀는데 아뿔싸, 어디 멀리 떠나게 됐어요. 그러면 다른 사람에게 그 집을 팔아야겠죠. 이처럼 다른 사람이 산 것을 다시 사는 것(=내가 산 물건을 다른 사람에게 파는 것)을 '전매'라고 합니다. 거래가 잘 이루어지면 파는 사람이나 사는 사람 모두 만족하겠죠.

이번에는 순수하지 않은 경우를 생각해봐요. 여기에는 기본적인 믿음이 있어야 합니다. 바로 '부동산 불패신화'에 대한 믿음.

내게 아파트는 필요 없지만 청약을 해서 당첨됐어요. 그럼 제가 어떻게 하겠어요? 팔겠죠. 그냥 팔까요? 아니죠, 웃돈을 받아야죠. 웃돈이 바로 프리미엄(P)입니다.

이때는 심지어 돈도 많이 필요 없어요. 중도금과 잔금을 2년 동안 넣는다고 해보세요. 선분양은 아주 몹쓸 제도 같지만 이런 거래에서는 묘하게 힘을 발휘합니다. 덕분에(?) 많은 돈이 필요 없거든요. 계약금 정도인 10%만 있으면 됩니다. 왜? 중간에 팔 거니까요. 전체 분양대금이 없어도 가능하다는 거죠. 금방 팔리지 않으면 그때 가서 중도금 대출을 받으면 됩니다.

원리(?)를 아셨죠? 경쟁률 높은 아파트에 청약을 합니다. 그래서 당첨이 되면 그걸 중간에 팔아요. 그리고 또 다른 분양 단지에 가서 청약을 해요. 당첨이 되면 또 팔아요. 청약이 그렇게 쉽게 되냐고요? 물론 안 되죠. 그래서 엄마 통장, 아빠 통장, 친구 통장을 빌립니다. 불법 청약통장 거래의 세계에 발을 들이는 겁니다. 가족이라면 그래도 이해가 되지만, 전혀 모르는 사람들의 청약통장을 돈 주고 사기도 합니다.

더 자신 있으면 분양받은 사람에게 접근해서 자기한테 팔라고 해요. 그런 다음 웃돈을 얹어서 다른 사람에게 다시 팝니다. 이런 걸 전문으로 하는 사람들이 이른바 '떴다방'이에요. 웃돈으로 붙는 P는 1000만 원에서 억 단위까지 됩니다. 그러니 사람들이 몰리는 거죠.

이게 돈이 된다 싶으면 사람들이 점점 더 몰려서 계속 P를 붙이는 바람에 아파트 가격이 더 높아져요.

정부가 나선다, 어쨌든 변화가 생긴다

이게 정상일까요? 아니죠. 그래서 정부가 나섭니다. 부동산 경기는 우리나라 경제상황과 맞물려 움직이는 만큼 정부는 늘 부동산 시장을 주시하며 여러 가지 정책을 펼칩니다. 핵심은 정말 간단해요. 사회초년생이라면 아래 그림 정도로 이해하면 충분합니다.

부동산 '활황', '거품', '상승세', '미쳤다' 이런 종류의 단어가 나오면 부동산 경기가 과열되었다는 의미입니다. '부동산 투기'에 가까워졌고, 실제 가치보다 더 높은 가치(=거품)가 생겨나서 언제 터질지

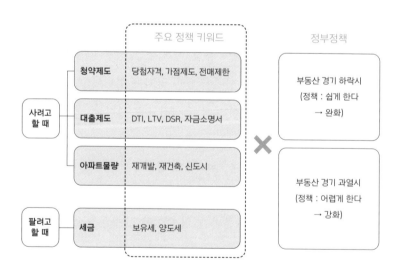

모르는 상황이라는 뜻이에요. 그럼 정부는 어떻게 할까요? 부동산 시장에 사람들이 들어오기 어렵게 정책을 세웁니다.

반대로 부동산 '침체', '부양', '하락세' 같은 단어가 나오면 부동산 경기가 너무 안 좋다는 뜻입니다. 부동산과 관련된 경기, 특히 건설 경기가 침체되었다는 거죠. 이게 왜 문제가 되냐면, 전반적인 소비도 하락하기 때문입니다. 부동산 하락은 부동산 자산을 가진 사람들이 더 가난해진다는 뜻이기도 하니 그들의 소비가 줄겠죠. 그러면 정부가 나서서 이른바 부양책을 내놓습니다.

이런 기조 아래 구체적으로 어떤 정책을 펼칠까요? 종류는 크게 두 가지이고, 모두 '돈'으로 설명됩니다.

첫 번째 정책은 부동산으로 '들어오는 돈'을 줄이거나 늘리는 겁니다.

청약제도를 강화한다고 해보죠. 그러면 사람들이 청약에 덜 몰리겠죠? 반대로 청약제도를 풀어주면? 사람들이 청약에 몰리게 됩니다. 부동산 경기가 상승하는 겁니다.

이번에는 대출제도에 변화를 준다고 해볼까요? 대출제도를 강화하면 사람들이 부동산에 들어오기 힘들어집니다. 그만큼 부동산 경기도 하락하겠죠. 대출제도를 완화하면 반대의 결과가 나타나고요.

두 번째 정책은 부동산 시장에서 '나가는 돈'을 관리하는 겁니다.

아파트를 매매하기 어렵게 만들면 부동산 경기가 하락합니다. 반대로 매매를 쉽게 하면 무리해서라도 아파트를 사겠죠.

특히 이 정책은 아파트로 투기하려는 사람을 관리하는 데 집중합니다. 시쳇말로 '먹튀'하는 사람들이죠. 이런 사람들 때문에 안 그래도 비싼 아파트값이 더더더 오르니까요. 대표적인 정책수단으로는 '전매제한', '양도세', '재산세' 등이 있습니다. '취득세'와 '등록세'도 쓰이긴 하는데 주로 구매할 때 사용된다고 봐야 할 것 같아요.

전매제한은 분양받은 다음 다른 사람에게 다시 파는 행위를 규제하는 것이고, 양도세는 집을 팔 때 수익이 나면 세금을 매기는 거라고 생각하면 됩니다. 투기하는 사람이 아니라면 크게 신경 쓸 건 없어요. 재산세는 이른바 종부세 대상이 아니면 별로 걱정 안 해도 됩니다. 헛, 그 대상이라고요? 그렇다면 세금도둑이라고 정부를 욕하기 전에 엄청난 상류층이 되신 것에 기뻐하셔야 합니다. 확실히 말씀드리는데요, 부모 도움 없이 자신의 노력만으로 종부세를 낼 수 있는 사회초년생은 거의 없어요. 당신은 아닐 가능성이 매우매우 높으니 괜히 종부세 이야기에 끼면서 정부 욕하지 마세요.

*

이것으로 부동산 관련 이야기는 마치려고 합니다. 제가 하고 싶은 말의 요지는, 아파트로 돈 벌 생각은 하지 않았으면 좋겠다는 거예요. 그보다는 당신이 살기 좋은 집을 고른다고 생각하시길 바랍니다. 그 집을 샀는데 만약 집값이 오르면? 감사한 일이죠. 떨어지면? 그래도 내 몸 편하게 누일 집이 있으니 감사해야죠.

LTV, DTI, DSR

앞에서도 잠깐 언급했지만, 부동산 관련 기사에 하도 많이 나오는 용어이니 쉽게 정리해보도록 하겠습니다. 개념만 넣어두세요. 정확한 금액을 알고 싶다면 시간 들여 열심히 고민하는 것보다 은행에 방문하는 것이 훠어어어얼씬 효율적입니다.

이 단어들과 '강화'라는 단어가 같이 뉴스에 나오면 돈 빌리기 힘들어져 부동산 경기가 가라앉게 됩니다. 반대로 '완화'라는 단어가 나오면, 돈 빌리기 쉬워져서 부동산 사려는 사람이 많아지고 부동산 경기가 살아난다고 생각하면 됩니다.

LTV(Loan To Value ratio) : 주택담보대출 비율

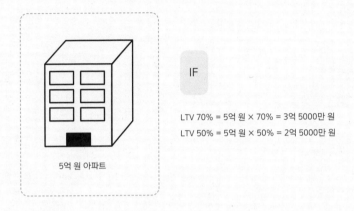

5억 원 아파트

IF

LTV 70% = 5억 원 × 70% = 3억 5000만 원
LTV 50% = 5억 원 × 50% = 2억 5000만 원

○ LTV를 높이면 = 많이 빌릴 수 있음 = 부동산 부양책
○ LTV를 낮추면 = 많이 못 빌림 = 부동산 억제책

쉬운 정의 : 내가 가진 아파트 가치의 몇 퍼센트까지 은행에서 빌릴 수 있나?

대출금을 갚을 자산이 있는지를 측정하는 지표입니다. 자산 없이 돈을 많이 빌려줄 경우 대출금을 회수하지 못할 가능성이 높기 때문에 관리하는 지표입니다.

DTI(Debt To Income) : 총부채상환비율

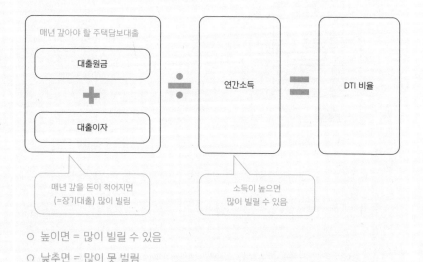

○ 높이면 = 많이 빌릴 수 있음
○ 낮추면 = 많이 못 빌림

쉬운 정의 : 매년 갚아야 할 주택담보대출(원금+이자) ÷ 내 소득

주택담보대출금을 갚을 능력(소득)이 있는지 측정하는 지표입니다. 여기서 말하는 대출금은 당연히 원금에 이자를 더한 것이고, 정확히는 기타 부채의 이자도 포함됩니다. 매년 갚아야 할 원금 및 이자 대비 소득 비율로 평가합니다. 한마디로 돈 갚을 능력이 있는 사람에게만 대출해주겠다는 정책이죠. 어느 정도 되는지 대략 알고 싶으면 인터넷에서 'DTI계산기'를 이용하세요. 머리 아프게 엑셀 돌릴 필요 없습니다.

DSR(Debt Service Ratio) : 총부채원리금상환비율

쉬운 정의 : 매년 갚아야 할 '모든' 대출(원금+이자) ÷ 내 소득 (#DTI 상위 버전)

주택담보대출을 포함한 모든 종류의 대출 원금과 이자를 포함해 상환능력을 평가하는 개념입니다. 당연히 연간소득은 그대로일 테니 빌릴 수 있는 돈의 액수는 줄어들겠죠. 대략적인 액수 계산은 DTI처럼 인터넷에서 계산기 서비스를 이용하세요. 아니면 은행 가서 물어보세요!

3부
돈 다루는 지혜 익히기

8장
미래의 나에게
힘을 빌리는 '대출'

필요한 대출과 위험한 대출을 구분하는 법

대출이 뭔지는 말하지 않아도 다 알 겁니다. 우리말로는 '빚', 풀어쓰면 돈 빌리는 것이죠. 대출에 대해 할 얘기는 무척 많지만, 여기서는 기술적인 문제보디는 대출의 의미 자세를 잘 이해했으면 좋겠습니다.

대출(=빚)이 있으면 절대로 안 될 것 같나요? 아뇨, 적절한 대출은 괜찮습니다. 그리고 현실적으로 필요하기도 하고요. 이렇게 생각하세요. 대출은 '미래의 나에게 힘을 빌리는 것'이라고요. 정확하게 말하면 내가 벌 미래의 소득에서 돈을 미리 당겨쓰는 거예요. 이 개념을 잘 기억해두어야 합니다. 그래야 합당한 대출과 위험한 대출을 구분할 수 있습니다.

언제 빌리나?

내가 가진 능력(=가진 돈)보다 내가 원하는 것(=가격)이 더 커요. 여기서 대출의 필요성이 생깁니다. 만약 대출이라는 것이 없으면 나는 현재 능력보다 큰 것은 결코 가질 수 없겠죠. 어떤 경우인지 생각해볼까요?

- 대학생인데 학비가 없어요. 소득? 없어요. 그럼 대학을 그만둬야 할까요? 아니! '학자금대출'을 받아야죠.
- 집을 사려고 하는데 돈이 모자라요. 그럼 집을 사지 말아야 할까요? 아니! '주택담보대출'을 받아야죠.

자본주의 사회에서 돈은 꼭 필요합니다. 그리고 대출은 현재 내 능력보다 더 큰 것을 사기 위한 힘을 미래에서 빌려오는 겁니다. 그러니 대출은 무조건 외면할 문제가 아닙니다. 다만 '빚도 자산'이라는 말을 너무 믿지는 마세요. 사업하는 경우라면 모르지만 사회초년생에게 빚은 자산이라기보다는 갚아야 하는 것입니다. 그렇게 생각하는 게 더 안전해요.

누구에게 빌리나?

돈이 필요할 때 어디서 빌려올까요? 두 가지 범주로 대답할 수 있습니다.

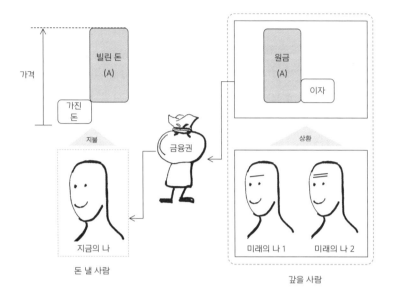

가격

빌린 돈
(A)

가진
돈

지불

원금
(A)

이자

상환

금융권

지금의 나

돈 낼 사람

미래의 나 1   미래의 나 2

갚을 사람

첫째, 돈을 빌리는 형식적인 주체는 주로 금융권이나 정부입니다. 더 행복한 경우라면 부모님에게 빌리면 되고요. 금융권은 돈을 그냥 빌려주지 않아요. 이자를 받죠. 아울러 미래의 당신이 돈을 갚을 수 있을지 없을지 따집니다. 그게 신용등급이고, 대출금리에 실제로 영향을 미칩니다.

둘째, 돈을 빌려오는 실질적인 주체입니다. 바로 '미래의 나'에게 빌려오는 거죠(미래의 나 1, 2 보이죠?). 미래의 내 소득에서 빌려오는 거예요. 이해가 안 되면, 돈을 빌린 다음에 갚지 말고 한번 버텨보세요, 누가 괴로운지. 그래서 돈을 빌릴 때는 미래의 나에게 물어봐야 합니다. '내가 이 돈을 갚을 수 있을까?' 현재의 당신은 행복할지 모르지만 미래의 당신은 빚에 억눌려 쪼들릴 수 있어요.

대출은 상환이 전제

미래의 당신에게 빌린 돈은 미래의 당신이 갚아야 합니다. 신용카드를 써봤으면 잘 알 거예요. 카드 긁어서 물건 살 때에는 돈을 내지 않죠. 하지만 한 달 뒤의 당신은 돈을 갚아야 합니다. 과거의 당신이 저지른 일을 미래의 당신이 갚는 거예요.

빌린 돈은 갚아야 합니다. 그래서 잘 생각해야 해요. 정말 필요한 걸까? 내가 갚을 수 있을까? 꼭 필요한 것이 아니면 현재에 맞게 살면서 힘을 모아야 합니다. 대출을 받는 순간 미래의 힘은 줄어듭니다. 몇 개월 뒤의 힘을 당겨 쓰는 신용카드는 가능하면 사용하지 마세요.

Tutorial

○ 대출의 ABC

A. 대출은 미래의 당신에게 빌리는 것이다.

B. 미래의 당신은 돈을 갚아야 한다.

C. 미래는 알 수 없다. (이 이야기는 다음에)

대출 분야 용어정리

대출의 가장 기본적인 사항은 앞에서 다루었습니다. 이제는 대출과 관련된 용어를 알아볼게요. 대단한 내용은 아니지만, 대출을 받아본 적 없는 사람들에게는 막연히 어려운 말이기도 하니 핵심만 이야기하겠습니다. 크게 나누면 돈을 빌릴 때 알아야 할 용어, 갚을 때 알아야 하는 용어입니다.

빌려보자

변동금리 vs. 고정금리 : 돈을 빌렸어요. 그럼 갚아야겠죠? 이때 원금만 주는 게 아니라 당연히 '이자'도 줘야 합니다. 1000만 원 빌릴 때 대출금리가 연 5%라고 하면, 원금 1000만 원 외에 매년 이자 50만 원을 더 내야 합니다. 언제까지? 원금을 다 갚을 때까지!

따라서 대출할 때에는 무조건 '대출금리'를 따져봐야 해요. 낮을수록 좋은 건 당연하죠.

어디 금리가 낮을까요? 1금융권(○○은행)이 가장 낮고, 그다음이 2금융권(××캐피털, □□보험, △△저축은행)이에요. CF에 많이 나오는 저축은행은 가능하면 가지 마세요. 1금융권에서 빌리기 어려운 상황인가요? 집 사기 위해 억대의 돈을 빌리는 게 아니라 1000만~2000만 원 정도의 대출이라면 요즘 뜨고 있는 P2P 대출이 더 유리합니다. 이른바 '중금리' 대출이라고 1금융권과 2금융권 중간 정도의 대출금리로 빌려줍니다.

이자를 내는 방식은 '고정금리'와 '변동금리' 중에 선택할 수 있습니다. 이자를 계산하는 방식에 따른 분류인데, 이자 금리가 정해져 있으면 고정금리, 시중금리에 따라 변하면 변동금리예요. 변동금리라면 처음 빌릴 때는 5%에서 출발하더라도 금리가 변해서 7%가 될 수도 있고 3%가 될 수도 있어요. 일반적으로는 고정금리가 변동금리보다 높습니다. 즉 고정금리로 빌릴 경우 이자를 더 많이 내야 한다는 뜻이죠. 어디까지나 일반적으로 그렇다는 거예요.

어떤 금리를 선택하는 것이 좋을까요? 상식적인 답은 '앞으로 금리가 오를 것 같으면 고정금리로, 금리가 내릴 것 같으면 변동금리로'입니다. 누가 아냐고요? 그러게 말입니다. 누구도 몰라요. 그냥 추정만 할 뿐입니다. 뉴스 중 금리기사도 챙겨 보셔야겠네요. 미국에서 금리를 높이겠다는 이야기가 나오면 한국의 대출금리도 오르는데, 이런 건 경제기사를 읽어야 알 수 있어요. 알아야 할 게 참 많습니다. 모르면 일단은 은행에서 추천해주는 금리로 받으세요. 선택하는 비중만 보면 변동금리가 훨씬 많을 겁니다.

신용대출 vs. 담보대출 : '신용대출'은 당신의 신용등급에 맞춰 대출을 해주겠다는 뜻입니다. 그 외에 다른 조건은 없어요. (무슨 뜻인지는 담보대출을 보면 알게 됩니다.)

'담보대출'은 당신의 신용등급도 고려하지만, 당신이 돈을 못 갚을 경우를 대비해 값어치 있는 물건(보통은 집)을 담보로 가지고 있겠다는 뜻이에요. 당신이 돈을 못 갚으면 은행은 담보물인 집을 팔아서 빌려준 돈을 회수합니다.

담보대출은 금액이 커져요. 통상 1억 원 이상 빌리는 건 담보대출이라고 생각해두면 됩니다. 금액이 적다면 신용대출이 당연히 낫겠죠. 직장인들이 즐겨 쓰는 '마이너스 통장'이 대표적인 신용대출 상품이에요. 소액씩 써야 할 데가 있으면 마이너스 통장을 하나 만들어두고 사용하는 게 좋겠죠. 하지만 다시 말하는데, 반드시 만들 필요는 없어요!

요즘은 사회적 약자를 위해 정부에서 돈을 빌려주기도 합니다. 잘 찾아보면 자신에게 맞는 대출을 찾을 수 있을 겁니다. 사회초년생이라면 열심히 뒤져볼 만합니다.

갚아보자

돈 갚는 걸 '상환'이라 해요. 방식은 보통 3가지로 나뉩니다.

만기 일시상환 : 대출기간이 끝날 때 한 번에 갚는 겁니다. 평소에는 이자만 내니 부담이 적죠. 그러다 만기가 되면 죽음입니다.

원리금 균등상환 : 원금과 이자를 합쳐서 매달 같은 금액을 갚습니다. 무슨 뜻인지는 아래 그림을 보세요. 첫 달은 원금을 적게 갚고 이자를 많이 내고, 마지막 달은 원금을 많이 갚는 대신 이자를 적게 내서 내 통장에서 나가는 돈을 똑같이 만드는 거죠.

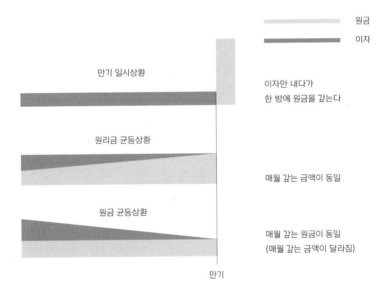

원금 균등상환 : 매월 갚는 원금이 같습니다. 그럼 뭐가 달라질까요? 이자가 달라져요. 처음에는 원금이 크니까 이자도 많겠죠? 하지만 시간이 지날수록 원금이 줄어들면서 이자도 줄어듭니다. 은행에 갚아야 하는 금액이 매월 달라진다는 뜻이에요.

직장인에게는 원리금 균등상환 방식이 좋다고 생각합니다. 매월 관리해야 하는 금액이 일정하기 때문에(월급도 보통 일정하죠. 오르지 않아서 문제지) 가계를 꾸리는 데 도움이 되거든요. 대신 은행에 갚아야 하는 금액(원금+이자)으로만 따지면 원금 균등상환이 더 적습니다.

이외에 어떤 이유로든 목돈이 생기면 중간에 갚을 수도 있습니다. 이것을 '중도상환'이라 합니다. 대출원금을 다 갚을 수도 있고, 일부를 먼저 갚을 수도 있어요. 보통 너무 일찍 갚으면 '중도상환 수수료'를 은행에 줘야 합니다. 너무 일찍 갚으면 은행은 기대했던 이자를 받지 못해서 손해거든요.

그럼 돈이 생겨도 갚지 말고 버틸까요? 저라면 수수료 좀 물고 그냥 갚겠습니다. 어차피 목돈 놔둬봐야 얼음처럼 녹아서 없어집니다. 빚을 줄이는 것이 보통 사람에게는 좋아요. 대출할 때 중도상환 수수료가 낮은 것을 고르는 것이 더 유리하겠죠.

돈 갚는 데에도 순서가 있다

대출은 갚아야 하는 거라고 계속 얘기했으니 이제 알고 있겠죠? 그러면 어떤 대출부터 갚아야 할까요? 원칙적인 이야기와 현실적인 이야기를 해봅시다. 물론 대출이 여러 개일 때 이야기이긴 하지만, 하나만 있다 해도 따져볼 게 있어요.

첫째, 대출금리가 높은 것부터

당연한 말이죠? 대출이 2개인데 A는 대출금리가 10%고, B는 5%라고 해보죠. 그럼 어떤 대출을 먼저 갚아야 할까요? 원칙적인 답은 A입니다. 이유는 간단해요. 둘 다 1000만 원씩의 대출이라면 1년 동안 지불해야 하는 이자는

○ A대출 : 1000만 원 × 10% = 1,000,000원

○ B대출 : 1000만 원 × 5% = 500,000원

1000만 원의 목돈이 생겼을 때 A대출을 갚으면 연간 50만 원의 이자를 추가로 지불하지 않아도 되는 겁니다. 이건 쉽죠?

둘째, 중도상환 수수료와 만기를 따져서

그런데 이건 좀 복잡해요. 그러니 그냥 설명하는 내용을 이해하기만 해봅시다.

A대출은 중도상환 수수료가 5%고, B대출은 중도상환 수수료가 3%예요. 둘 다 1000만 원씩 빌렸고 이자는 같다면, 어느 쪽을 먼저 갚아야 할까요? B대출입니다. 추가로 내야 할 중도상환 수수료 때문에 그렇습니다.

○ A대출의 중도상환 수수료 5% : 1000만 원을 갚을 때 추가로 5%인 50만 원을 내야 함

○ B대출의 중도상환 수수료 3% : 1000만 원을 갚을 때 추가로 3%인 30만 원을 내야 함

B가 A보다 20만 원이 더 저렴하니 B를 먼저 없애야 합니다.

이보다 더 복잡한 경우는 예금과 적금이 있을 때입니다. 예금과 적금을 해지하고 대출을 갚는 것이 유리할까? 한 번쯤 고민해봤을

겁니다. 이때 따져야 하는 것은 예적금의 세후이자가 대출이자와 중도상환 수수료보다 많은지 여부예요.

○ 대출이자 + 중도상환 수수료 vs. 예금/적금의 세후이자

대출이자와 중도상환 수수료의 합이 예적금의 세후이자보다 크다면 당연히 예금이나 적금을 해지하고 갚는 게 맞습니다. 반대라면 지금 그대로 유지하는 게 좋고요. 계산이 헷갈린다고요? 그럼 그냥 갚으세요! 예적금 이자가 대출이자와 중도상환 수수료 합계보다 큰 경우는 거의 없어요. 있어도 별 차이 안 나니까, 이거 계산한다고 머리 쓰지 말고 그냥 '대출 있으면 예금이나 적금 해지하고 갚는다'고 생각하세요.

중도가 아니라 만기라면요? 이것도 고민하면 어려운데, 한 가지만 기억하세요.

만기가 길고 금리가 낮으면 갚는 순서를 뒤로 돌려요. 예를 들어 주택담보대출은 만기가 10년 이상이고 금리가 가장 낮은 축에 속해요. 그리고 조건이 맞으면 연말정산 때 소득공제도 받을 수 있습니다. 그러니 갚는 순서는 뒤!

반대로 만기가 짧으면서 금리가 높으면 우선 갚습니다. 신용대출인 카드론 같은 걸 떠올리면 돼요. 만기도 짧고 금리도 높으니 얼른 갚으세요. 리볼빙? 그런 건 쳐다보지도 마요!

셋째, 성취감을 얻을 수 있는 것부터

이 내용은 제가 좋아하는 책에 나온 것입니다. 이 책의 여러 부분을 좋아하지만, 이 부분은 기억에 특히 남아서 소개하겠습니다. 다음과 같은 4가지 대출을 가지고 있는데 돈이 150만 원 생겼어요. 당신은 어떤 것을 먼저 갚으실래요?

구분	대출종류	대출잔액	대출금리
A	신용대출	1500만 원	6.5%
B	신용대출	100만 원	9.5%
C	카드론	50만 원	10.0%
D	카드론	700만 원	12.0%

* 박창모, 《당신이 속고 있는 28가지 재테크의 비밀》(알키)에서 인용

원칙대로라면 'D→C→B→A'의 순서로 갚아야 합니다. 대출금리가 높은 것부터 갚아야 하니까요.

하지만 책에서 말하고 저도 동의하는 방법은 B와 C를 먼저 갚는 겁니다. 이유는 '할 수 있다'는 성취감 때문입니다. D를 먼저 갚으면 D의 원금만 700만 원에서 550만 원으로 바뀔 뿐 대출상품은 여전히 4개입니다. 반면 B와 C를 갚으면 대출상품이 4개에서 2개로 줄어듭니다. 대출 건수 자체가 줄어드는 뿌듯함과 행복함은 새로운 동기부여가 되어 이후 대출을 갚아나가는 과정이 좀 더 수월해질

거예요. 이자로 나가는 돈은 더 많지만, 갚기 위한 추진력은 더 높아질 겁니다.

*

대출은 분명한 목표가 있지만 지금 힘이 부족할 때 미래의 나에게 힘을 빌려오는 겁니다. 목표가 없는데 자꾸 미래의 힘을 당겨쓰면 미래의 나를 착취하는 것과 같아요. 그러니 분명하지 않으면 대출받지 않는 게 맞습니다. 그렇지만 대출을 무조건 나쁘다고만 여기는 것도 좋지 않아요. 미래의 나는 분명히 지금의 나보다 힘이 셀 테니까요. 그러니 미래의 나에게 도움을 좀 받는 것이 죄는 아니에요.

요즘 사회초년생은 학자금대출을 안고 출발하는 경우가 많습니다. 재테크의 첫 번째 목표를 '학자금대출 상환'으로 해보시는 건 어떨까요? 응원과 위로의 말씀을 드립니다. 어느 누구도 도와주지 않지만 미래의 당신은 당신을 도울 겁니다.

1만 원의 가치

1만 원이 있습니다. 세종대왕 한 분. 어렸을 적 세종대왕님은 만지고 싶어도 만질 수 없는 존재였지만, 지금 이 글을 읽는 분들에게 1만 원은 별 감흥이 없을 겁니다. 지금은 세종대왕보다 더 큰 신사임당이 계시니까요.

이처럼 1만 원의 가치는 보기에 따라 참 다릅니다. 특히 쓸 때랑 벌 때가 달라요.

1만 원을 쓰려면

○ 배추 한 포기 : 농담 같죠? 하지만 있는 일입니다. 물론 매번 그런 건 아니고, 가끔 배춧값이 폭등하면 한 포기에 1만 원이 없어집니다.

○ 점심 약 1.5끼 : 사람마다 다르겠지만 직장인 평균 점심값이 6566원이래

요. 그럼 1만 원으로 점심을 약 1.5번 사먹을 수 있겠군요. 친구 한 명하고는 겨우 점심 한 끼 하겠네요.

○ 스타벅스 커피 약 2.4잔 : 메뉴마다 다르고 할인혜택에 따라 또 다르겠지만, 아무튼 세계에서 두 번째로 비싸다는 4100원짜리 한국 스타벅스의 아메리카노를 마신다면 3잔은 안 되고, 2잔 마시면 거스름돈이 좀 남아요. 앞에서 친구에게 점심을 샀다면, 커피는 그 친구가 사야겠군요.

○ 버스와 지하철 약 8회 : 기본요금 기준인데, 기본요금만 내는 사람은 별로 없어요.

1만 원으로 할 수 있는 것은 그리 많지 않습니다. 통신비도 1만 원은 당연히 넘을 테고, 주거비는 말할 것도 없고요. 이렇게 한없이 적게만 느껴지는데, 이번엔 소비가 아니라 수입 측면에서 한 번 살펴볼까요?

1만 원을 벌려면

○ 최저임금 기준 약 1시간을 일해야 벌 수 있는 돈 : 아직 최저임금이 시간당 1만 원이 안 되는 것 아시죠? 2020년 최저임금은 시간당 8590원입니다. 정확히는 1.16시간을 일해야 손에 쥐게 되는 금액입니다.

○ 약 72만 원을 1년 동안 은행에 맡겨야 받는 돈 : 2020년 2월 은행권 기준으로 가장 높은 정기예금 금리가 1.4%입니다. 이 금리로 1만 원(세금 떼기 전)을 받으려면 약 72만 원을 1년 동안 은행에 묶어둬야 해요. 10만

원이라면 약 720만 원, 100만 원이라면 약 7200만 원을 은행 정기예금
에 맡겨놓아야 하겠죠.

다른 수입은 딱히 할 게 없군요. 사회초년생 직장인이 1만 원을 벌 방
법은 월급 받는 것 아니면 가지고 있는 물건 팔기 정도? (나쁘진 않네요.)
길 가다 1만 원을 주울 확률은 모르겠고, 로또 5등(5000원)에 당첨될 확
률은 45분의 1 정도라고 합니다. 로또 한 게임에 1000원이니 4만 5000
원을 쓰면 5000원 벌 수 있겠네요.

작고 소중한 월급의 가치

진짜 할 얘기는 지금부터입니다. 당신의 수입이 한 달에 200만 원이
라고 해보죠. 정기예금 금리는 1.4%라고 해볼세요. 그럼 당신은 은행
에 얼마의 정기예금(원금)을 가지고 있는 것으로 볼 수 있을까요? 생각
보다 엄청난 금액이 나와요. 계산해볼까요?

- ○ 200만 원 × 12개월 = 2400만 원
- ○ 원금 × 1.4% = 24,000,000만 원
- ○ 원금 = 2400만 원 ÷ 1.4%
- ○ 원금 = 1,714,285,714원

얼마인지 곧바로 읽을 수 있어요? 뒤에서부터 일십백천만… 17억 원

입니다. 생각보다 많죠? 당신 월급의 가치는 소비 측면의 금액인 200만 원으로 보면 보잘것없지만(ㅠㅠ) 당신이 받고 있는 그 적디 적은 월급을 이자로 벌려면 17억 원의 돈이 있어야 합니다. 이자율이 변하면 원금의 크기도 많이 달라지겠지만 생각보다 원금이 크다는 사실은 변하지 않습니다. 물론 이상한 상사의 잔소리, 말도 안 되는 업무에 따른 스트레스, 망가지는 몸과 마음은 고려하지 않기는 했어요. 그래도 17억 원 예금을 그냥 포기하실 건가요?

재테크를 위해서는 안정적인 수익이 중요합니다. 회사에 충성을 다해 온몸이 부서져라 일하라는 뜻으로 오해하지는 마세요. 제가 하고 싶은 말은, 돈은 그만큼 가치 있고 그만큼 잘 써야 한다는 것입니다.

재미없고 고리타분한 결론이죠, 미안해요. 하지만 다시 말하자면 1만 원을 쓸 때 당신은 70만 원의 연간 이자수익을 사용하는 것이고, 월급날마다 17억 원을 은행에 맡겨놓은 것과 마찬가지의 금액(200만원)을 받고 있는 셈입니다. 생각보다 엄청난 가치의 일을 하고 있는 거죠! 이처럼 어떤 돈을 생각할 때 '이자율'을 가지고 판단하는 습관을 들여놓으면 꽤 도움이 될 겁니다. 그만큼 좀 더 가치 있게 쓰는 걸 고민할 수 있겠죠.

아직은 별로 없겠지만 나이 들수록 주변에 사업하는 친구들이 생겨날 겁니다. 회사가 답답해서 나간 사람도 있고, 회사에서 눈치 줘서 나간 사람들도 있어요. 억대의 차를 굴리며 성공하는 사람들도 일부 있겠지만 상당수는 월급쟁이들에게 "회사에서 쫓아낼 때까지 붙어 있어라"라는 말을 진지하게 합니다. 왜냐하면 그들은 고정적인 수입이 들어온다는 것 자체가 엄청난 혜택임을 체험했거든요. 월급쟁이들은(특히 사회초년생들은) 그걸 잘 못 느껴요. 사회초년생 월급쟁이에게 가장 튼튼한 수익원은 '월급'이라는 걸 말이죠.

그래서 사회초년생의 재테크는 회사일에 영향 주지 않는 선을 지켜야 합니다. 제가 회사 사장도 아닌데 왜 이런 말을 할까요? 회사에 충성하는 것이 당연한 직업윤리라서? 아닙니다. 월급이 없어지는 순간 당신의 수입원이 없어지기 때문에 하는 말이에요. 황금알을 낳는 거위 얘기 알죠? 배를 가른 사람들을 바보라고 하잖아요. 그런 사람은 사실 별로 없습니다. 대신 황금알 낳는 거위를 굶겨 죽이는 경우는 가끔 있죠. 황금알 크기(수익)를 키우겠다면서 거위 밥 주는(일하는) 걸 자꾸 잊어버려요.

회사가 황금알은 안 줄지 몰라도 월급은 줍니다. 그걸 무시하지 마세요. 당신 밥그릇을 당신이 차버리지 말라고요. 밥그릇은 나중에 준비되면 그때 차는 겁니다. 지금은 아니에요. 안정적인 돈이 들어올 때 미래를 준비하는 것, 그게 월급쟁이의 재테크 핵심 중 하나입니다.

9장
사회초년생의
'세금'

연말정산은 보너스가 아니다

연말정산에 대해 기본만 짧게 설명하겠습니다. 혹시 '어떻게 하면 연말정산을 많이 받을까' 고민하고 있지 않나요? 그렇다면 잘못 생각하고 있는 거예요. 연말정산을 많이 받는 것이 과연 좋을까요? 토해내는 것보단 낫지 않냐고요? 심정적으로는 그럴 수 있겠네요. 답을 내리기 전에 연말정산 개념부터 잘 짚어보기로 합시다.

다만 읽기 전에 감안할 게 있습니다. 연말정산은 소득, 부양자, 재테크 실적 등에 따라 개인별로 많이 달라져요. 그러니 이 글이 100% 맞다고 생각하면 안 돼요! 대략적으로 이렇다는 겁니다.

13월의 월급이 아니다, 그냥 받을 거 받는 거다

연말정산에 관한 가장 큰 착각이 바로 이겁니다. 연말정산 시즌만 되면 거의 모든 기사에서 '13월의 월급'이라 표현하니까 마치 돈을 더 받을 수 있는 것 같습니다. 금융상품들도 홍보하면서 '연말정산 때 돌려받아요' 같은 말을 하니 연말정산은 으레 돈을 더 받는 것처럼 생각하는데, 아니에요!

연말정산은 말 그대로 세금을 정산하는 겁니다.

사람마다 소득이 다르고 상황이 달라요. 누구는 아파서 병원비를 많이 썼고, 누구는 아이가 학원에 다녀서 학원비를 많이 냈어요. 그리고 누구는 아파트를 사느라 대출을 많이 받았습니다. 이 경우 각자 내야 하는 세금이 달라져요. 그럼 이 세금을 매달 계산해야 할까요? 그러기엔 너무 번거로워요.

그래서 일단 각자의 소득에 맞게 대략 세금을 미리 떼놓는 겁니다. 이걸 '원천징수'라 부릅니다. 세금 떼는 비율은 회사마다 다른데, 대부분 많이 뗍니다. 그러면 연말정산 때 '내가 왜 토해내야 하냐'는 원성 가득한 질문공세에 시달리지 않아도 되거든요.

여하튼 회사는 12개월 동안 일정 비율로 세금을 뗍니다. 그런 다음 연말이 되면 각자의 상황에 맞게 세금을 제대로 냈는지 따져봐야겠죠? 그게 연말정산이에요.

○ 누군가는 세금을 더 떼어 → 이 경우 환급(많이 낸 세금을 돌려받는 것)이 되고

○ 누군가는 세금을 덜 떼어 → 이 경우 토해내는(적게 낸 세금을 더 내는 것) 겁니다.

연말정산 많이 받으면 좋은 것 아닌가?

그래도 돌려받기를 바라는 건 인지상정입니다. 하지만 돌려받는 것은 사용한 '원금'이 아니라 원금에 해당하는 '세금'이에요. 그러니 많이 돌려받는다는 것은 1년 동안 돈을 많이 썼다는 뜻이기도 해요. 이게 가장 중요합니다. 많이 돌려받았다는 것은 당신이 돈을 많이 썼다는 거예요.

가장 바보 같은 것은 신용카드(체크카드 포함)를 많이 사용하면 연말정산 때 돌려받는다며 카드를 열심히 쓰는 겁니다. 이미 말했지만 연말정산 때 돌려받는 것은 신용카드 사용금액이 아니라 신용카드 사용금액의 일부(수식이 복잡한데, 굳이 설명하지 않을게요)에 대해서예요. 연말정산 때 돌려받지 못하더라도 카드 안 쓰고 모으는 편이 당신에게 돈이 더 많이 남아요!

그리고 현실적으로도 신용카드를 많이 써서 환급받는 건 별 의미가 없습니다. 신용카드로 혜택을 받으려면 연봉의 25% 이상 써야 하고(기준이 바뀔 수도 있어요), 최대 300만 원까지(이것도 급여에 따라 다르고 종종 바뀌어요)밖에 공제가 안 되거든요. 그러니 신용카드 열심히 쓰려고 하지 마세요. 그냥 쓰지 말고 모아요. 그게 더 이득입니다.

그렇다면 토해내는 게 더 좋은 거냐는 질문이 나올 것 같습니다. 반드시 그렇다고 볼 수는 없지만, 쓸데없이 지출을 많이 해서 연말정산 때 돌려받는 것보다는 낫다고 생각해요.

단, 이 경우에는 안 내도 되는 세금을 더 냈는지 따져봐야 합니다.

○ 만약 연말정산 자료를 제출하지 않아서 세금을 돌려받지 못했다면?

　→ 바보 인증

연말정산 혜택, 과연 좋기만 할까?

또 하나, 기왕에 쓰는 돈이라면 연말정산 혜택이 있는 항목으로 지출하는 것이 좋겠죠. 특히 금융상품이 그런데요. 적금이나 펀드, 보험 상품을 가입할 때에는 연말정산 혜택이 있는 것을 고르는 게 일반적으로 좋습니다. 하지만 모든 금융상품을 연말정산 혜택이 있는 것으로만 '몰빵'하는 것은 오히려 역효과예요.

연말정산 혜택이 있는 상품들은 대개 조건이 붙습니다. 가장 대표적인 조건이 가입기간인데, 대부분 최소 5년은 유지해야 해요. 그 전에 해지하면 그동안 받았던 혜택을 고스란히 토해내야 합니다. 연말정산 혜택이 있다고 해서 모든 여유자금을 이곳에 넣었다가 중간에 돈 쓸 일이 생기면 곤란해지겠죠. 적절히 나눠야 합니다. 기억할 건 하나! 돈 모으는 상품을 연말정산 혜택 있는 곳에 모조리 넣으려고 하지 말자! 굳이 구체적으로 말해달라면 한두 개만 가입하세요. 나머지는 금융상품과 재테크라는 기술에 익숙해질 때 추가해도 늦지 않습니다.

연말정산은 사회초년생에게는 너무 복잡한 개념입니다. 그래서 이렇게 두루뭉술하게 설명할 수밖에 없네요. 그래도 가장 중요한 내용은 다루었다고 생각합니다. 세부항목별(의료비, 신용카드, 교육, 자녀가 있는 경우 어느 쪽으로 부양가족을 할지 등) 공제에 관한 것들은 직접 알아보시는 게 좋습니다. 가장 좋은 방법은 회사의 인사팀 직원과 친해지는 겁니다. 그리고 그들에게 물어보는 겁니다.

그래도 모르시겠어요? 그럼 알 때까지는 이렇게 하세요.

○ 연말정산 혜택이 있는 금융상품에 일단 하나만 가입하세요. (나중에 알 것 같으면 그때 추가하세요.)

○ 카드는 필요한 것 외에는 사용하지 마세요. 꼭 필요하면 가급적 체크카드 쓰세요. (법이 바뀌면 또 변하겠지만) 체크카드 소득공제율이 신용카드보다 높아요.

○ 의료비도 혜택이 있지만 안 아픈 게 더 남는 장사예요. 건강하세요.

Tutorial

○ 연말정산 때 많이 돌려받기 위해 돈을 더 쓰는 것은 바보 같은 짓이다. 안 쓰는 게 남는 장사!

○ 이왕 쓸 돈이라면 연말정산 때 혜택 받는 것을 고려해서 쓴다.

○ 돈을 썼다면 연말정산 받을 수 있을지 없을지 고민하지 말고 모든 증빙을 다 낸다.

소득공제와 세액공제, 무엇이 더 유리?

많이들 헷갈려하는 소득공제와 세액공제에 대해 설명해보겠습니다. 최대한 간단하게 할 거예요. 알면 좋지만 몰라도 사회초년생에게 엄청난 불이익은 없거든요. 세금은 소득이 커질수록 중요해집니다. 연봉 4600만 원이 넘어가기 전에는 크게 신경 쓰지 않아도 돼요. 연봉 말고 다른 소득이 있다면 중요하겠지만….

세금산출 공식부터 알아보자

세금이 계산되는 프로세스를 매우매우 단순하게 표현하면 다음 페이지의 그림과 같습니다. 과세표준이라는 금액에 세율을 곱하면 세금이 나와요. 이걸 알아야 소득공제와 세액공제 개념을 잡을 수 있습니다. 하나씩 볼게요.

과세표준 × 세율 = 세금

과세표준 : 세금을 부과하는 금액입니다. 쉽게 말해 당신의 소득이죠. 금융소득이 없으면 '연봉'이라고 보면 됩니다. 엄격히 말하면 연봉에서 공제해주는 금액이 있어서 연봉과 과세표준은 다르지만, 큰 차이는 없어요.

세율 : 세금의 비율입니다. 이 비율은 조금씩 다르게 적용되는데, 누진세라고 알죠? 세율이 점점 높아지는 거요. 마찬가지로 소득이 높아질수록 소득세율도 높아집니다.

○ 1200만 원 이하 : 6%

○ 1200만 원 초과 4600만 원 이하 : 15%

○ 4600만 원 초과 8800만 원 이하 : 24%

○ 8800만 원 초과 1억 5000만 원 이하 : 35%

○ 1억 5000만 원 초과 : 38%

A는 연봉이 4600만 원이고, B는 연봉이 4601만 원이라고 해보죠.

그럼 A는 4600만 원의 15%인 690만 원을 세금으로 내고, B는 1만 원밖에 연봉이 안 높은데 24%인 약 1104만 원을 세금으로 내는 걸까요?

아니에요. 그렇게 하면 벌써 민란이 일어났을걸요. 1200만 원까지는 똑같이 6%, 그 이상 4600만 원까지는 똑같이 15%를 내고, 초과하는 1만 원에 대해서만 24%를 내는 겁니다. 이걸 '누진공제'라 합니다.

이렇게 계산해서 당신의 세금이 결정됩니다. 연말정산은 당신이 낸 세금을 돌려주는 것이라고 했죠? 그럼 이제는 소득공제와 세액공제가 어디에서 세금을 줄여주는지 살펴볼 차례입니다.

소득공제 vs. 세액공제

소득공제는 당신의 과세표준을 줄여주는 겁니다. C라는 사람이 있어요. 이 사람의 소득은 4500만 원입니다. 연말정산을 해보니 소득공제 합계액이 300만 원 나왔네요. 그렇다면 C의 과세표준을 잡을 때에는 4500만 원에서 300만 원을 뺀 4200만 원으로 줄여서 계산합니다. 소득이 줄어들면 당연히 세금도 줄어들겠죠? 계산해보면 45만 원 줄어드네요(300만 원 × 15%). 그만큼 이득을 본 셈이죠.

이와 달리 세액공제는 소득은 그대로 둔 채 당신이 내야 할 세금을 일률적으로 줄여주는 겁니다. 그러므로 세액공제 대상이라면 소득과 상관없이 같은 금액을 공제받겠죠? 이 점이 가장 중요한 포인트입니다.

그렇다면 사회초년생에게는 소득공제와 세액공제 중 무엇이 더 유리할까요?

소득이 올라갈수록 세율이 높아진다는 말은, 소득공제로 받는 혜택 역시 세율이 높을수록 커진다는 뜻입니다. 즉 소득이 높은 사람일수록 소득공제가 유리해요.

A의 연봉은 1억 원이고, B의 연봉은 3000만 원이라 해볼게요. A의 소득공제액이 300만 원이면 이 사람이 돌려받는 세금은? 105만 원입니다(300만 원 × 35%).

B의 소득공제액이 300만 원이면 돌려받는 세금은? 45만 원이고요(300만 원 × 15%). 정확하게 이 금액이라는 건 아니고 예를 든 겁니다.

아무튼 척 봐도 소득공제는 연봉이 높을수록 유리합니다.

이와 반대로 세액공제는 같은 금액을 감면해주는 것이므로 상대적으로 저소득층에 유리하다 볼 수 있어요. 만약 A와 B가 세액공제로 15만 원을 돌려받는다면 누구에게 더 의미가 클까요? 당연히 B일 겁니다. 특히 소득이 매우 낮은 경우라면 세액공제가 유리합니다. 세액공제는 보통 12~15%를 공제해주는데, 세율이 15%대인 4600만 원 이하 연봉자에게는 별 차이가 없어요. 하지만 1200만 원 이하인 사람들에게는 더 유리하죠. 6%를 세금으로 내야 하는데 그 이상을 공제해주니까요.

돈 모으는 방법?

이제 어느 정도 파악이 되었을 겁니다. 최대 300만 원의 소득공제라고 해서 당신에게 300만 원이 생긴다는 의미가 아니에요. 300만 원에 해당하는 세금의 혜택이 생긴다는 거죠. 300만 원에 15%를 곱해보면 45만 원입니다. 연간 45만 원. 12개월로 나누면 약 3만 7000원. 이것도 푼돈이라고 하기는 어렵지만 목맬 만큼 큰돈은 아니잖아요. 그리고 300만 원은 보통 '최대'라는 단서가 붙어요. 조건에 맞지 않으면 300만 원 못 채웁니다.

그러니 소득공제 혜택이 큰 상품이라고 선전하는 말에 현혹되지 마세요. 앞에서도 말했지만, 이왕 쓰는 돈이라면 소득공제나 세액공제 상품이 좋다는 것이지 반드시 모든 상품을 소득공제나 세액공제 상품으로 고르라는 의미가 아니에요.

무엇보다, 혜택으로 돈을 모으려 하지 마세요. 사용하면 적립되는 포인트, 절감되는 세금 같은 것에만 자꾸 눈길 빼앗기지 말고 적립하는 원금 자체의 크기를 늘리기 위해 노력하세요. 사회초년생은 그게 더 맞습니다. 사소한 팁에 목숨 걸지 말고 불필요한 비용 줄이면서 돈을 모으는 겁니다. 그러다 보면 세금에 관심 가져야 할 때가 올 겁니다. 그때 세금 신경 쓰고, 지금은 절세를 우선순위에 두지 마세요.

적립 포인트나 0.1%의 이자율보다 안 쓰고 원금을 키우는 것이 중요한 이유는 습관을 만들기 위해서입니다. 몸에 배도록 익숙해져야 나중에 연봉이 올랐을 때 당신의 선택지가 더 넓어져요. 쓰는 쪽으로만 능력이 발달하면 연봉이 올라도 더 많이 쓰게 되고 돈은 항상 부족해서 모이는 돈이 없습니다. 지금은 불필요한 지출을 줄이는 능력을 발전시킬 때입니다. 그래야 나중에 정말 쓰고 싶은 곳에 쓸 돈이 생겨요.

Tutorial

○ 세율은 소득이 커질수록 높아진다. (세금을 많이 낸다.)

○ 소득구간에 따라 세율을 높인다. (1200만 원까지 6%, 4600만 원까지 15%, 8800만 원까지 24%…)

사회초년생을 위한 재테크 동반자

사회초년생을 위한 재테크 동반자를 소개합니다. 이것만이 최고라는 건 아니에요. 그래도 알고 계시면 도움 될 겁니다.

1. 높은 저금 금리 찾는 곳 : 금융상품 한눈에(finlife.fss.or.kr)
은행 및 저축은행의 저금상품을 한 번에 검색할 수 있습니다. 이곳에서 검색한 후 개별 사이트에서 한 번 더 확인하면 시간을 절약하면서 이자율 높은 금융상품을 찾을 수 있습니다. 저금 금리뿐 아니라 대출, 펀드, 연금 등 다양한 상품을 살펴볼 수 있습니다.

2. 잠자는 보험금, 금융 정보, 이자율 계산 등 : 파인(fine.fss.or.kr)
잠자는 보험금이나 보험 및 금융 꿀팁, 자동이체 통합관리 등 소비자가 알아두어야 할 금융 관련 정보가 많습니다.

3. 펀드에 가입하려면 : 펀드슈퍼마켓(fundsupermarket.co.kr)

온라인으로 펀드를 검색하고 가입할 수 있는 사이트입니다. 펀드에 어느 정도 자신이 생기면 이곳에서 파는 상품을 구매하는 것이 수수료를 아낄 수 있습니다. 펀드 관련 정보도 다양하고요.

4. 팟캐스트 : 이진우의 손에 잡히는 경제 (podcasts.apple.com/kr/podcast/id437788220)

MBC 라디오 프로그램인데, 방송시간에 맞출 필요 없이 필요할 때 팟캐스트로 들으시면 됩니다. 전체적으로 알아야 할 경제뉴스를 매우 친절하고 알기 쉽게 설명해줍니다. 경제기사 읽기가 힘들다면 이 방송이라도 꼭 챙겨 들으면 좋겠습니다.

5. 뉴스레터 : Uppity(uppity.co.kr)

사회초년생을 위한 '경제'와 '재테크' 서비스를 만들려는 스타트업입니다. 특히 젊은 여성들의 입장에서 설명해줍니다. 뉴스레터를 신청하면 됩니다. 공짜예요!

6. 인스타그램 : 골드래빗(@goldrabbit21c)

거의 매일 경제신문의 주요 기사와 내용을 정리해서 올려줍니다. 쉬운 경제안내서를 내기도 한 브런치 작가이자 강연자예요. 이분의 해석과 판단을 어깨너머로 배워보세요.

7. 주택 관련 대출정보 : 주택도시기금 개인상품
(nhuf.molit.go.kr/FP/FP05/FP0501/FP0501.jsp)

청년이나 신혼부부 등 이른바 사회적 약자에게 제공되는 주택 관련 대출상품을 소개하는 곳입니다. 사회초년생이라면 들러보세요.

8. 앱

재테크 관련 앱은 너무 많습니다. 서비스도 많고요. 다음과 같은 앱들이 있으니 본인에게 맞는 것으로 골라서 사용하세요.

○ 뱅크샐러드(가계부 및 재테크 일반) : 내가 주력으로 사용하는 카드나 은행을 연동해놓으면 사용할 때마다 알아서 지출내역을 분류해주고 잔소리도 해줍니다. 장점은 편리성이고, 단점은 앱이 하는 것을 마치 내가 일하는 것처럼 착각하게 된다는 겁니다. 꼭 직접 체크해봐야 해요!

○ 카카오뱅크(은행) : 주택담보대출처럼 큰 금액을 빌리기 전까지 사용하기에 매우 좋습니다. 공인인증서라는 엄청나게 귀찮은 것이 필요 없으며, 사회초년생이 쓰기 좋은 다양한 상품과 기능을 제공합니다. 인기 높은 카카오프렌즈가 새겨진 체크카드는 덤입니다.

○ 호갱노노(아파트 분양 및 매매) : 아파트 시세 파악에 도움이 됩니다. 시세뿐 아니라 주변 환경도 볼 수 있고, 단지를 등록하면 관련 정보도 알림으로 보내줍니다. 집 살 생각이면 볼 만한데, 월세나 원룸 외에는 생각해보지 않았다면 '그림의 떡'일 가능성도 있습니다.

○ 부동산 계산기(각종 계산이 어려울 때) : 집 살 때 돈이 얼마나 들어가는지 계산하기 어렵죠? DTI, LTV 등 궁금하지만 계산하기 어렵죠? 이 앱으로 간략하게 알 수 있습니다. 잊지 말아야 할 사실은 '참고자료'라는 겁니다. 늘 말하지만 확인은 '은행'에서 하세요. 은행이 돈 빌려줍니다. 앱이 빌려주지 않아요.

9. 책과 신문

책과 신문은 따로 추천하지 않을게요. 서점 가서 휙 둘러보세요. 그러다 꽂히는 게 있으면 일단 좀 읽어보고 나서 구매하세요. 신문은 솔직히 사회초년생이 보기엔 재미없고 지루해요. 그래도 신문 하나 구독하는 것도 나쁘지 않습니다. 돈 내기 싫다면 사이트 가서 보세요.

10. 메모 말고 실천을

가장 중요한 것. 직접 실천! 그래야 남아요. 퇴근 후에도 시간이 없고 주말에도 바쁘다면 대체 언제 할 건데요? 머리로 이해해봐야 큰 도움 안 됩니다. 그런 사람을 '헛똑똑이'라 부릅니다.

돈을 가장 잘 쓰는 법을 익혀봅시다

첫 투자는 펀드로 시작하면 좋겠습니다.

그중에서도 적립식 펀드로 하세요. 적금과 비슷하게 매월 일정금액을 넣는 방식이라 저금에 익숙한 현금흐름이 변하지 않을 겁니다. 운이 아주 나쁘지만 않다면 적금보다 더 높은 수익률을 얻을 가능성이 높습니다. 간접상품이기 때문에 시장이 어떻게 움직이는지 매일 신경 쓰지 않아도 됩니다. 상품을 고를 때 조금 덜 고민해도 괜찮습니다.

최소 월 10만 원으로 시작해보세요. 단, 처음이라면 적금 금액보다는 적게 하세요. 적립식 펀드라면 망해도 눈물이 나올 만큼 망하지는 않을 거예요. 그리고 적금과 달리 '만기'라는 것도 없으니 수익률이 좋으면 더 오래 둬도 되고, 수익률이 나쁘면 조금 일찍 빼도 됩니다. 그래도 1년은 넘기면 좋겠습니다. 그리고 성공했다면 (성공 기준은 본인이 미리 세워야 하는 것 알죠?) 다른 펀드를 시작하면서 금액을 키워보세요.

두 번째, 주식투자는 'ETF'나 '아는 회사'로 하세요.

주식투자를 처음 한다면 ETF 종목으로 하면 좋겠습니다. ETF는 '상장지수펀드'라는 것으로 실제로는 펀드지만 주식처럼 거래할 수 있도록 만든 상품입니다. 복잡하면 그냥 '여러 종목을 포장한 묶음 주식상품'이라고 생각하세요. 코스피와 연동돼 움직이도록 만든 상품도 있습니다. 종합주가지수인 코스피가 오르면 내가 가진 종목도 오르고, 코스피가 빠지면 같이 빠지는 겁니다. 특별히 정보를 찾지 않아도 종합주가지수에 대한 기사는 쉽게 볼 수 있습니다. 많은 시간 들이지 않고도 잔잔한 두뇌 게임을 할 수 있어요. 그러나 조금 익숙해지면 '업종'을 묶은 다른 ETF 상품으로 넘어가도 됩니다.

개별종목에 투자하고 싶다면 누구나 들어봤을 법한 회사로 하세요. 변동폭이 크지 않고 뉴스를 접하기도 쉬워서 사회초년생이 투자하기에 적당합니다. 물론 이런 회사는 대개 가격이 비쌉니다. 잘 찾으면 싼 것도 있으니 뒤져보세요.

변동폭과 상관없이 '주식투자' 자체를 즐기고 싶다면 평소에 즐겨 사용하는 제품이나 서비스를 만드는 회사의 주식을 사세요. 제품이나 서비스를 이용하면서 만족했다면 좀 더 사고, 불만족스러우면 털고 나오는 겁니다. 일명 '전문가'의 말만 듣고 모르는 회사 주식을 사는 투자보다 '나의 판단'을 연습하기에 좋을 겁니다. 혹시 압니까? 당신에게 숨은 보석을 발견하는 재주가 있을지!

세 번째, 부동산은 '전세'부터.

우리 책에서는 아파트를 예로 들었지만 아파트 사려면 무척 힘들어요. 1차 목표는 '전세'로 하세요. 빌라나 오피스텔 전세를 목표로 삼아도 부동산에 대한 감은 충분히 익힐 수 있습니다.

전세로 부동산을 경험하라는 말에는 두 가지 목적이 있습니다. 하나는 '전세금대출'을 활용하면서 '대출'이란 것을 겪어보라는 의미입니다. 물론 전세금 정도는 마련해둔 상태라면 굳이 대출할 필요 없고, 아니면 '매매'로 목표를 상향조정해도 됩니다. 한 번이라도 은행에서 돈을 빌려봐야 금융에 대한 경험이 뼈에 새겨집니다.

또 다른 이유는, 대출을 갚든 전세금을 모으든 돈을 모을 타발적(?) 동기가 생기기 때문입니다. '타발적 동기'는 곧 '강제저축'으로 이어지죠. 종종 친구들이 '월세로 살면서 전세로 묵히는 돈만큼 투자하는 것이 낫다'는 이야기를 합니다. 언뜻 영리한 말 같죠. 투자로 수익을 내면 그 말이 맞을 겁니다. 하지만 투자를 잘 알지 못하는 경우라면 오히려 손해 볼 가능성이 높아요. 그래서 무식하게 저금으로 돈 모으는 습관부터 잡으라고 지겹게 이야기한 거예요. 재테크를 잘 몰라서 이 책을 산 당신은 그냥 전세금 모으세요.

전세금을 한 번이라도 모았다거나 열심히 모으고 있는 와중이라면, '집 살 기회'도 자연스레 찾아올 겁니다. 그때 매매 여부를 판단해서 사도 됩니다. 은행에 가서 대출금 더 키우고 집도 키우고 배짱도 키우는 거죠. 대신 대출금 때문에 회사 그만두기 어려워지고, 내 인생 '집 사러 태어났나' 하는 자괴감이 들 수도 있지만 모든 것을 다 가질 수는 없잖아요. 선택해야죠.

마지막으로, 어떤 투자를 하고 돈을 모으든 당신이 좋아하는 한 가지 일을 꾸준히 찾고 그 일에 투자하는 것을 잊으면 안 됩니다. 지겹고 힘든 돈 모으기에 지치지 않기 위해서예요.

투자로 어느 정도 감을 익히셨나요? 이제 기초는 충분히 뗐으니 자신에게 잘 맞는 다음 단계로 넘어가시면 됩니다. 혹시 5년 뒤에도 현재와 달라진 것 없이 이 책을 다시 읽게 된다면, 일단 한 시간 동안 벽 보고 반성부터 하세요.

재테크는 돈을 가장 잘 쓰기 위해 해야 합니다

재테크는 노후를 위해, 안락한 삶을 위해 하면 안 됩니다. 재테크는 정말 즐거운 곳에 돈을 쓰기 위해 해야 하는 거라는 확신이 들어요. 그러려면 먼저 내가 뭘 할 때 가장 즐거운지 자신과 계속 대화해야 합니다. 이 글을 읽는 분들은 아마도 주위에서 시키는 대로 성실히 따르며 자랐을 겁니다. 때로는 자신이 원하는 걸 포기해가면서요. 이제 자신과 대화를 하세요. 언제 가장 즐거운지, 언제 가장 뿌듯한지, 언제 배고픈 줄도 모르고 몰두할 수 있는지 찾아보세요.

재테크는 자본주의 사회에서 나를 행복하게 해주는 일을 하는 데 필요한 돈을 모으는 것이라고 생각하면 좋겠습니다. 전쟁을 겪은 제 부모님 세대에게는 배부른 소리같이 들리겠지만, '생존' 이상의 것을 추구하는 것이야말로 오늘날 재테크의 시대적 사명(?)입니다.

책 만드느라 착한 얼굴로 무섭게 일하신 북스톤 대표님과 출판사 분들, 생각지도 않게 금전적 도움을 주신 카카오 브런치 관계자 분들, 주말에 안 놀아주면 "책 써?"라며 체크하던 아이, "책 많이 팔렸으면 좋겠다"는 마나님, 가끔 책 언제 나오냐고 묻는 분들께 감사드립니다. 물론, 책 사주신 분들께 더욱 감사드리죠!

잘 쓰기 위한 재테크 튜토리얼

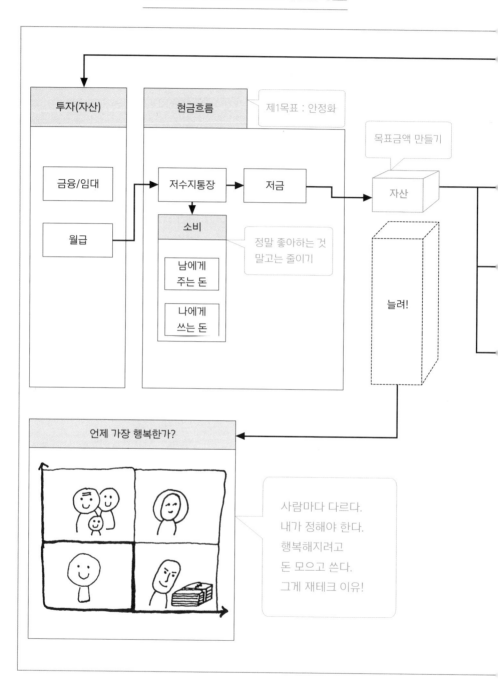

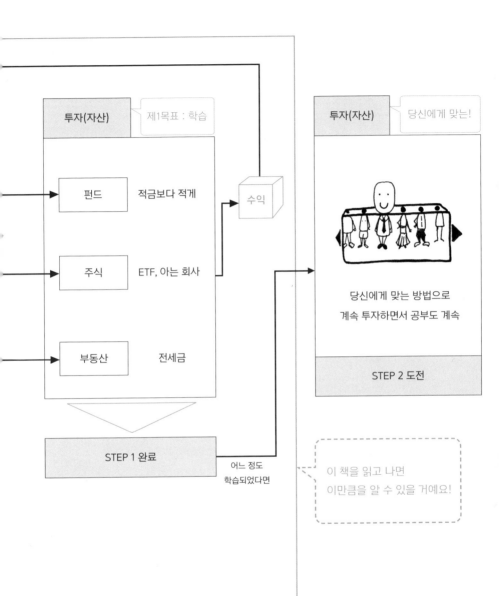

투자(자산)   제1목표 : 학습

펀드   적금보다 적게

주식   ETF, 아는 회사

부동산   전세금

수익

STEP 1 완료

어느 정도
학습되었다면

투자(자산)   당신에게 맞는!

당신에게 맞는 방법으로
계속 투자하면서 공부도 계속

STEP 2 도전

이 책을 읽고 나면
이만큼을 알 수 있을 거예요!